恋愛の科学

The Science of Romantic Love

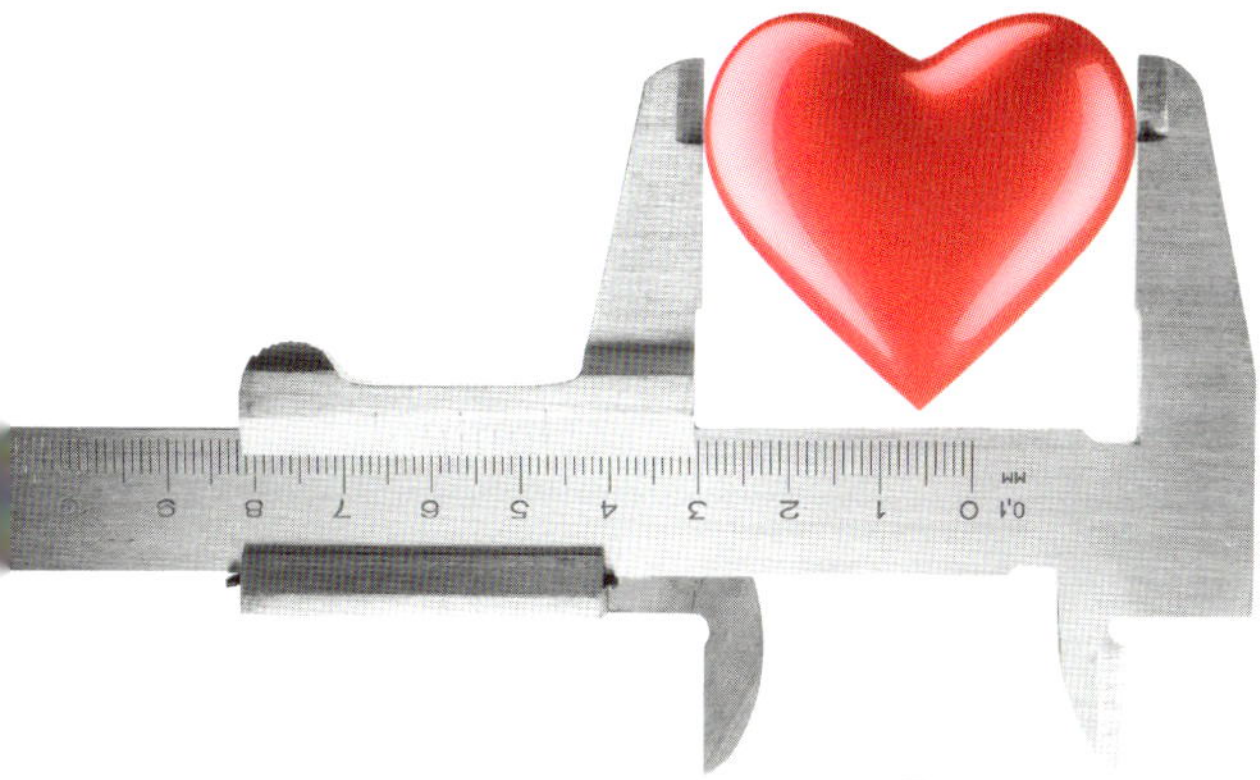

出会いと
別れをめぐる
心理学

越智啓太

Keita Ochi

実務教育出版

はじめに

社会心理学は、人と人との関係について扱う心理学の分野です。人と人との関係のあり方にはさまざまなものがありますが、その中でもっとも重要な関係といえば、なんといっても恋愛関係でしょう。

みなさんの初恋はいつでしょうか。幼稚園くらい、それとも小学生の頃でしょうか。この頃から、高齢者になるまで、恋愛は我々の人生にとって大きな位置を占めます。以前は高齢者は恋愛からは卒業してしまっていると思われていましたが、高齢者ホームでも恋愛トラブルは日常茶飯事、週刊誌を見れば高齢者の恋愛と性の特集が目につきます。ましてや青年期においては、勉強の問題などよりもはるかに真剣に悩み、多くの時間を費やすのが恋愛なのではないでしょうか（実際に交際相手がいなくても、妄想したり、二次元の相手に恋したりすることも含めてです）。

ですから、恋愛の研究も、社会心理学の中ではもっとも古くから研究が行われてしかるべきもののように思われます。しかしながら、実際には恋愛の心理学は、社会心理学の中でもっとも遅れている分野の一つといえます。芸術や文学の文脈ならともかく、科学的に恋愛を研究するなど不可能であるといわれたり、そんな野暮な研究を行うべきではないと長い間考えられたりしてきたのです。

しかし、その一方で我々は、さまざまな経験から恋愛についての法則を見つけようと試み、それを語り合っているのも事実です。たとえば、「美人のほうがナンパしやすい」とか「男はクールなほうがモテる」とか「やっぱり、ルックスよりも性格だよな」とかいったものです。これらの「法則」は、友達同士で語られているだけでは、もちろん本当に正しいのかどうかはわかりません。しかし、よく考えてみれば、このような「法則」は調査や実験によって、科学的に検証可能なものが少なくありません。そのため、これらの「法則」を単なる仲間内の雑談の段階にとどめず、人間行動の科学的な知識に高めていくのも、我々には大切なことだと思われます。なにしろ、恋愛は人間行動の中でももっとも重要な要素なので、これについての法則が明らかになれば、人間理解が進み、より快適な人生を送るための手がかりが得られるのは明らかだからです。

本書は、この恋愛研究の最新の状況について、できるだけ平易に紹介することを目的にしています。しかし、ただ大学の講義のように知識を紹介するだけでは、面白くないのも事実です。そこで本書では、みなさん自身の恋愛の傾向、個人差を調べながら進めてみようと思います。心理学では、目に見えない心理的な傾向を測定するために、さまざまな心理尺度、心理テストが開発されています。これらの尺度を実習してもらいながら、恋愛の心理学について勉強していってもらおうというわけです（ちなみに本書で紹介する心理尺度は、雑誌やインターネットによく載っているような適当なテストではなく、統計的にしっかりした手法で作られ、信頼性や妥当性の検証された本物のテストです）。

これらの心理尺度の実習については、もちろん、恋愛パターンを把握するわけですから、実際にみなさんが好きな人や交際している人のことを想定して答えてもらいたいのですが、もし現在交際中の方がいらっしゃらない場合には、過去の交際相手を、そして、現在も過去も交際経験がない方については、理想の相手を一人想定して、エア彼氏・エア彼女と交際しているつもりになって答えていただければと思います（もちろん、二次元の相手でもかまいません）。

13の心理尺度で偏差値を算定したら、巻末の「あなたの恋愛傾向カルテ」にそれぞれの数値を書き入れてみましょう。現代日本人の平均的な姿と比べたあなたの恋愛傾向が見えてくるかもしれません。

また、大学や大学院などで恋愛に関する研究をしている方、これからやってみたい方向けの専門的知識として、巻末に「心理尺度の技術的な解説」をまとめました。本書の心理尺度を使って測定・調査をしたり、新しい心理尺度を作成したりするときの参考となれば幸いです。

従来、この種の入門書は、海外の興味深い研究を羅列的に面白おかしく紹介するものが多かったように思います。しかし本書はそれにとどまらず、現在、まさに我々の研究室で取り組んでいる研究や、専門雑誌などにも発表されていないデータ、そして研究方法などもできるだけ紹介するようにしました。また、日本の研究者による研究もできるだけ多く取り上げるようにしました。

このような研究の最前線を紹介するのは、恋愛の心理学がまだまだ発展途上にあるということもあるのですが、本書を読んだみなさんにこの分野に興味を持ってもらい、大学や大学院でこの分野をさらに勉強したり研究したりする一員に加わってもらいたいからでもあります。もし、本書の内容に興味を持ったり、これはちょっと違うんじゃないか、自分はこう思うんだけどな、などと考えたりする方（とくに高校生、大学生、そして社会人も）がいらっしゃいましたら、大学や大学院などで心理学を専門的に学んでみるというのも、将来の選択肢の一つとして考えていただければ幸いです。

では、前置きはこのくらいにして、さっそく恋愛心理学のお話を始めることにしましょう。

恋愛の科学　目次

第2章 モテるための心理学 065

第3章 恋に落ちる過程の心理学

装丁●重原隆
本文デザイン・ＤＴＰ●新田由起子（ムーブ）
章扉イラスト●撫子凛

第1章

愛を測定し診断する心理学

01

愛の深さを測るものさしをつくる

心理尺度とは何か

心理学では、人間の心や行動を分析し、なぜ人間はそのように考え感じるのかについて調べたり、このような状況ではどのように行動するのかを予測したりします。ただ、問題なのは、我々の心の中の状態は、直接ものさしやはかりで測定することができないということです。たとえば、「カップルが一緒に吊り橋を渡ると愛が深まる」という「愛の吊り橋効果」がしばしば語られます（本書でも取り上げます）が、吊り橋を渡る前と渡った後で本当に愛が深まっているのかについて調べようと思っても、そもそも、「愛の深さ」なるものを測るものさしがなければ、その説の真偽を確かめることはできません。

そこで、心理学者が何かの研究をしようとする場合には、まず、このものさしづくりから始めるのが普通です。もちろん「愛」についての研究でも例外ではありません。恋愛の心理学においで最初に行われたのは、愛のものさしをつくる研究です。こういうことを言うと「そもそも愛は測れるものではない」とか「愛を数字に置き換えるのはけしからん」などといった反論も当然出てくるわけで、それはそれでそれなりの真実なわけですが、だからといって延々と哲学的、文学的な思索を繰り返しているだけでは少なくとも科学は進展しませんので、とりあえず、測定尺度をつくってしまおうというのです。

愛情を測定する心理尺度

この研究を初めに行ったのは、ルービンという研究者です。ルービンは愛情（love）を測定する尺度を作成しようとしましたが、彼がもう一つ関心を持っていたのは、好意（like）という感情です。愛情と好意は必ずしも同じものではありません。そこで、彼は、愛情と好意の度合いを別々に測定するための心理尺度を測定しました。これをルービンの愛情－好意（love-like）尺度といいます。

ルービンは、さまざまなカップルにこの尺度をやってもらいました。その結果、この尺度で測定した「愛情」が高いカップルほど、二人が将来結婚するだろうと考えていることや、二人でいるときに見つめ合っている時間が長いことなどがわかりました。このように尺度で測られた結果と実際の行動が関連していることを「妥当性がある」といいます。つまり、ルービンの「愛情」尺度は妥当性のある尺度なのです。

さて、この尺度は日本語版もあり、恋愛心理学の分野では非常によく使われているものなのですが、少し問題もあります。たとえば、好意を測定する尺度の項目の中には、「〇〇さんは責任ある仕事に推薦できる人物だと思う」とか「クラスやグループで選挙があれば、私は〇〇さんに投票するつもりだ」といった項目が含まれているのですが、これは好意（like）であることには違いはないのでしょうが、日本語の語感ではむしろ、尊敬とか敬意に近いものだと思われます。我々が考える好意とは、それよりも「○○さんと話をするのは楽しい」とか「○○さんと一緒に遊びに行きたい」などの項目なのではないでしょうか。しかし、ルービンの尺度にはこのような項目は含まれていません。

そこで、我々は、ルービンの尺度にこのような項目を加えて、日本人の男女600人を対象にして調査を行い、新たな心理尺度を作成しました。この尺度は、ある人との関係を「愛情」「尊敬」「友情」の3つの成分で測定するものです。つまり、測定したい相手に対してどのくらい「愛情」を持っているか、「尊敬」しているか、「友情」を感じているのかを、それぞれ分けて数値にすることができるわけです。

いろいろと理屈をこねていてもしょうがありませんので、さっそくみなさんも身近な人との関係について測定してみることにしましょう。以下の**「愛情尺度・尊敬尺度・友情尺度」**の質問に答えてみてください。

まず、最初に、測定したい相手を一人思い浮かべます。その相手の名前を○○のところに入れて、それぞれの文章を「よく当てはまる」から「まったく当てはまらない」まで7段階で評定してください。できましたら、各尺度の合計点を算出します。この尺度を構成するデータは実際に交際関係にある人々を対象として作られていますので、恋人や交際相手、つきあいたい人、あこがれの人がいる人はそのような人を想定してください。しかし、そういう人がいない人も、二次元の相手や理想の恋人、エア彼氏・エア彼女などを想定して答えてもらってもけっこうです。もちろん、異性でなく同性の相手でも大丈夫です（ただし、平均などのデータは実在の異性愛カップルをもとに算出してありますので、注意してください）。

これらの値が算出できたら、まず最初に、一般のカップルの合計点と自分の相手に対する評定値の合計点を比較してみてください。これを見ると、自分が好きな人に対して持つ愛情や尊敬、友情の気持ちが、世間一般のカップルと比較して強いか弱いかなどがわかると思います。

恋人に対する愛情偏差値はいくつか

さて、これだけでも、ある程度はみなさんと相手との関係性の特徴がつかめたと思いますが、ここでもう一つ武器となるものを紹介しましょう。それはなんと「偏差値」です。

偏差値というと高校受験や大学受験の際におなじみのあの数字で、多くの人にとってはあまりいい思い出はない数字でしょう。「偏差値」は、世間一般では頭の良さを示す数字として知られていますが、じつは、単なる統計上の数字であって、とくに頭の良さとは関係ありません。偏差値とは、ある集団の中で、自分がどのくらいの位置にいるのかを示している数字なのです。受験のときになんとなくはわかっていると思いますが、集団の平均値と自分の得点が同じだと、この数字は50となります。そして、数字が上がるほど、集団の中の上位に位置しているという

	よく当てはまる	当てはまる	やや当てはまる	どちらでもない	あまり当てはまらない	当てはまらない	まったく当てはまらない
❶	7	6	5	4	3	2	1
❷	7	6	5	4	3	2	1
❸	7	6	5	4	3	2	1
❹	7	6	5	4	3	2	1
❺	7	6	5	4	3	2	1
❻	7	6	5	4	3	2	1
❼	7	6	5	4	3	2	1
❽	7	6	5	4	3	2	1
❾	7	6	5	4	3	2	1

愛情尺度の合計＝［　　　　点］

❶	7	6	5	4	3	2	1
❷	7	6	5	4	3	2	1
❸	7	6	5	4	3	2	1
❹	7	6	5	4	3	2	1
❺	7	6	5	4	3	2	1
❻	7	6	5	4	3	2	1
❼	7	6	5	4	3	2	1
❽	7	6	5	4	3	2	1
❾	7	6	5	4	3	2	1

尊敬尺度の合計＝［　　　　点］

❶	7	6	5	4	3	2	1
❷	7	6	5	4	3	2	1
❸	7	6	5	4	3	2	1
❹	7	6	5	4	3	2	1
❺	7	6	5	4	3	2	1

友情尺度の合計＝［　　　　点］

解説

1 まず、それぞれの尺度の合計点を計算してください。

2 次に、あなたの合計点と、表1-01の一般の人々の平均点、標準偏差を使って、以下の式であなたの愛情、尊敬、友情偏差値を算出してみてください。

$$偏差値 = \frac{得点 - 平均値}{標準偏差} \times 10 + 50$$

▶表1-01　愛情、尊敬、友情各尺度の平均点と標準偏差

	あなたの性別	
	男 性	女 性
愛情	39.72 (9.69)	37.58 (10.29)
尊敬	39.85 (9.89)	40.36 (10.17)
友情	26.40 (6.13)	27.02 (6.28)

（カッコ内は標準偏差）

▶愛情偏差値の計算方法

男性　平均点に 39.72、標準偏差に 9.69 を入れる

女性　平均点に 37.58、標準偏差に 10.29 を入れる

【例】あなたが女性で合計点が 45 点の場合

$$\frac{45 - 37.58}{10.29} \times 10 + 50 = 57.21$$

✎同様にして、尊敬偏差値、友情偏差値も算出してみましょう。

技術的な解説➡ p.259

心理尺度① 愛情尺度・尊敬尺度・友情尺度

Q 愛情、尊敬、友情の度合いを測定したい相手を一人想定して○○の中に名前を入れて、以下の項目について、「よく当てはまる」から「まったく当てはまらない」までの中から該当するものを選んで回答してください。（７段階）

愛情尺度

❶ ○○さんのためならどんなことでもしてあげるつもりだ
❷ ○○さんを独り占めしたいと思う
❸ ○○さんと一緒にいられなければ、私はひどく寂しくなる
❹ 私は一人でいるといつも○○さんに会いたくなる
❺ ○○さんが幸せになるのが私の最大の関心事である
❻ ○○さんのことならどんなことでも許せる
❼ 私は○○さんを幸せにすることに責任を感じている
❽ ○○さんと一緒にいると相手の顔を見つめていることが多い
❾ ○○さんなしに過ごすことはつらいことだ

尊敬尺度

❶ ○○さんはとても適応力のある人だと思う
❷ ○○さんは責任ある仕事に推薦できる人物だと思う
❸ 私は○○さんをとてもよくできた人だと思う
❹ ○○さんの判断には全面の信頼を置いている
❺ クラスやグループで選挙があれば、私は○○さんに投票するつもりだ
❻ ○○さんはみんなから尊敬されるような人物だと思う
❼ ○○さんはとても知的な人だと思う
❽ 私は○○さんのような人物になりたいと思う
❾ ○○さんは賞賛の的になりやすい人物だと思う

友情尺度

❶ もし○○さんが元気がなさそうだったら、私は真っ先に励ましてあげたい
❷ ○○さんから信頼されるととてもうれしく思う
❸ ○○さんと一緒に話をするのは楽しい
❹ ○○さんと一緒にいると落ち着く
❺ ○○さんと遊びに行くのは楽しい

ことになります。大学入試の成績でいえば、60だと一流大学合格レベル、70くらいになると東京大学合格レベルだと考えていいでしょう。

また、あくまで集団のどの位置にいるのかをさすものですから、高ければよいというわけではありません。たとえば、「相手の浮気を許容する傾向」の偏差値が70の人は、「相手の浮気を許容しない傾向」を測定すれば、偏差値30になりますが、どちらが良いとか悪いとかの価値判断は含みません。

この偏差値の便利なところは、数値がわかるとだいたい自分が集団の中でどのくらいの場所にいるのかがすぐにわかるという点や、平均点が異なる複数の尺度の値でも直感的に比較できるという点です。また、大学受験や高校受験を経験したみなさんは、直感的にそれがどの程度のポジションなのか理解できるという利点もあります。

先ほども言ったようにこのような統計上の数字なので、試験の成績と関係ない文脈でも当然用いることができます。たとえば、先ほどみなさんが測定した「愛情」の得点も偏差値で示すことができるわけです。愛情の偏差値の算出の方法は心理尺度の解説やコラムに書いておきましたので、みなさんも自分の得点をもとにして、相手との愛の深さについての偏差値を算出してみてください。

また、同様に、「尊敬」偏差値、「友情」偏差値も算出することができます。愛情、尊敬、友情がどのようなバランスで混じり合っているのか、また、それらは他の一般の人に比べてどのような特徴を持っているかが一目瞭然でわかると思います。

Column 01

偏差値とは何ですか？

本書では、恋愛に関するさまざまな「心理尺度」を試しながら、自分の恋愛行動のパターンを把握してもらいたいと考えています。これらの尺度の結果を示す数字が偏差値です。この偏差値、じつはみなさんが受験のときに参考にした「偏差値」と同じものです。偏差値というのは、べつに頭の良さを示す数字ではなくて、集団の中の自分の相対的な位置を示す数字なのです。

偏差値の算出のしかたは、下の式のとおりです。

これは、みなさんの得点が平均値と比べて、標準偏差（データのばらつきの指標）を1単位として、どのくらい多いのか（あるいは少ないのか）を算出し、それを10倍し、50を足したものになります。なぜ、10倍して50を足すのかというと、平均得点と同じ得点を取った場合、50になるようにするためです。学校で行われるテストはだいたいが１００点満点で表され

$$偏差値 = \frac{得点 - 平均値}{標準偏差} \times 10 + 50$$

ますので、このようにすると、直感的に自分が平均より上か下か、またはそこからどのくらい離れているのかがつかめるようになります。

きちんと作られた（本書で紹介している心理尺度は、すべてきちんとした方法論で作られています）心理尺度の得点は、正規分布という釣鐘型の分布をすることが知られています。分布が正規分布をする場合、偏差値60は上位15・9%、偏差値70は上位2・2%、偏差値80は上位0・1%となります。また、偏差値40は、下位15・9%、偏差値30は下位2・2%、偏差値20は下位0・1%となります。【表1－02】を見ると、自分の偏差値が上位だいたい何%くらいなのかがわかります。

受験の文脈の中で得点を偏差値で表した場合には、もちろん偏差値が高い場合が良く、低い場合が悪いという価値判断と関連していましたが、偏差値という数字自体は平均などと同じような統計的な用語で、とくに高いほうが良いとか低いと悪いといった意味を持っているわけ

表 1-02 偏差値と上位何%の位置にいるのかの関連

偏差値	上位何%か	偏差値	上位何%か
80	0.1%	45	69.2%
70	2.2%	40	84.1%
65	6.7%	35	93.3%
60	15.9%	30	97.7%
55	30.9%	20	99.9%
50	50.0%		

ではありません。また、たんに集団の中の自分の位置を示すものですから、集団が違うと偏差値は異なってきます。男性のみの場合の偏差値と、男女全体での偏差値は異なった数字になります。大学受験でも受ける模試や予備校によって同じ大学の合格可能偏差値が大きく異なるのはそのためです。もちろん、偏差値は、個人の潜在的能力を示す魔法のような数字ではありません。

1

男性と女性ではどちらが恋愛にのめり込むか

さて、みなさんは男性と女性ではどちらが交際相手についての「愛情」が深いと考えますか？

じつは古くから、男性よりも女性のほうが恋愛に夢中になり、それに「うつつを抜かす」ものだと考えられてきました。男には他にやることが多いので、恋愛などという「程度の低い」ものに熱中するのは女性がすることだと考えられてきたのです。

この現象はまさに心の中の問題ですから、直接検証することはなかなか難しいはずです。ところがいまや私たちは、愛の深さを測定するものさしを手に入れましたので、これを検証することができます。愛情尺度の得点を男性と女性で比較して、どちらが高いのかを調べてみればよいのです。

これを実際に調べてみた結果【表1－01】、興味深いことに一般に言われているのとは逆に、男性のほうの平均得点が高くなるのがわかりました。また、この差はじつは統計的にも「有意」なものとなりました【Column 02】。つまり、統計学的にも男性のほうが女性よりも恋愛に「うつつを抜かす」傾向は高くなっているわけです。これに対して、尊敬や友情の得点は、男性と女性では統計的な差はありませんでした。

Column 02

統計的に有意な差とは何ですか？

調査や実験を行うと、２つのグループに平均値の違いが生じる場合があります。本書でいえば、さまざまな恋愛関係の尺度を実施したときに、男性の集団の平均値と女性の集団の平均値が異なるというのがその例です。

さて、このような差が生じた場合に、実際には男女間に違いがないにもかかわらず、偶然的に生じてしまった差なのか、それともその２つの集団に本当に差が存在するのだろうかという判断をすることが必要になります。もともとのデータには、そもそもさまざまな理由から発生する測定の誤差がありますので、実際には差がないのに、見かけ上、差が生じてしまう場合は少なくないからです。

そこで、このような差がどの程度「本当の差」といえるのかを検討していく方法を統計的検定といいます。ざっくりと言ってしまえば、誤差のばらつき具合に比べて、集団間の違いが十分に大きな場合、これらの集団間に「実際に値の差がある」と考え、誤差のばらつき具合とあまり変わらないか、それ以下の違いしかない場合には、集団間にある差は「偶然に生じたものにすぎない」と考えるのが統計的な検定です。

だいたいは、誤差の分布から見て、「実際に差がないにもかかわらず、平均値の間にそれだけの差が生じる確率」が5％以下しかない場合、「5％水準（の危険率）で有意」、1％以下しかない場合、「1％水準（の危険率）で有意」といった言い方をし、それぞれ$p < .05$, $p < .01$と記載します。

愛情と友情は両立するか

愛情について、気になるもう一つの観点として、「愛と友情」の関係があります。「男女の間に友情は成立するのか」、これは青春時代を描いた小説の中では、よく扱われる問題の一つです。友達づきあいがいつのまにか愛に変わってしまい……などというものです。

じつはこの間にどのくらいの関係があるのかも、この尺度の結果を使えば調べることができます。２つの尺度の関係を分析するための統計学的な道具である相関係数という指標を計算し

表1-03 愛情、尊敬、友情の相関関係（全体）

	愛情	尊敬	友情
愛情	−	0.509	0.610
尊敬		−	0.552
友情			−

（数字はピアソンの相関係数）

てみればいいのです【Column 03】。もし、2つの尺度がまったく無関連、つまり、片方の尺度の得点からもう一方の尺度の得点をまったく予測できない場合、相関係数の値は0になります。もし、一方の尺度からもう一方の尺度の値を完全に予測できる場合、相関係数の値は、1かマイナス1になります。片方の数字が上がればもう片方も上がるという関係の場合、値は正に、片方の数字が上がればもう片方は下がるという関係の場合、値は負になります。この相関係数を算出すれば、2つの尺度が関連しているかどうか、また、どのような方向性の関連を持っているかがわかるわけです。ちなみに、心理学ではだいたい0・4〜0・6くらいの相関係数であればある程度密接な関係があると判断します。

さて、多くの人に交際相手との関係性について、その「愛情」「尊敬」「友情」の度合いを測定してもらって、その相関係数を計算してみました。その結果を【表1−03】に示します。

これを見るとわかるとおり、愛情と尊敬、愛情と友情、尊敬と友情の間には密接な関係があることがわかります。とくに相関が高いのが、愛情と友情です。これは、「一緒にいて楽しい」とか「一緒に遊びに行きたい」と思う気持ちがいつのまにか恋愛に転化してしまうという現象は、やはりある可能性が大きいということを意味します。

また、愛情と尊敬の間にも密接な関係があるということは、「とても信頼できる人」であったり、「人から賞賛されるような人」だと思う気持ちがやはり、恋愛に転化する可能性もあるということを示しています。

Column 03

相関係数とは何ですか？

相関係数（ピアソンの相関係数）は本書の内容を理解するためにもっとも重要な統計の概念で、２つの変数の間の関連を示す数値のことです。たとえば、高校のテストの成績を想像してみてください。「数学」のできる生徒は、だいたいが「物理」の成績も良かったのではないでしょうか。このように一方の変数（数学の成績）ともう一方の変数（物理の成績）に関連があり、一方からもう一方がある程度予測できるような関係があることを「相関がある」といいます。「現代国語」の成績と「古文」の成績も相関があることが多く、一方、「体育」の成績と

1

図 1-01 相関係数と散布図の関係

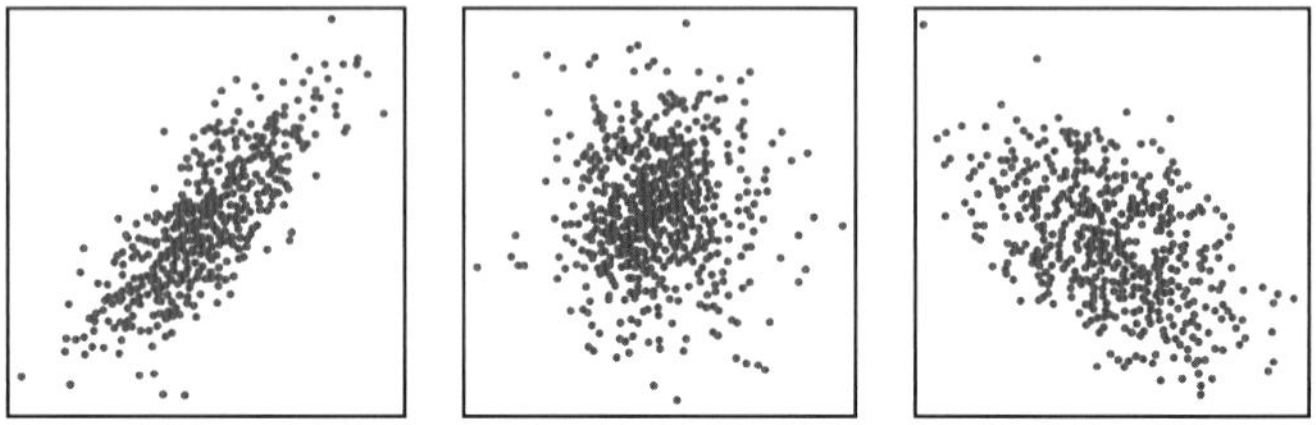

「物理」の成績は、それほど大きな相関が存在しないのが普通です。

さて、この相関ですが、計算して数値として表すことが可能です。これを相関係数といいます。相関係数は「プラス1」から「0」を通って、「マイナス1」までのどこかの値をとります。

相関係数が「プラス1」の場合、一方の変数からもう一方の変数を完全に予測することが可能で、一方の変数の値が上昇すれば、もう一方の変数の値も上昇します。

相関係数が「マイナス1」の場合にも、一方の変数からもう一方の変数の値を完全に予想することができますが、一方の変数の値が上昇するともう一方の変数の値は減少するという関連を持ちます。

相関係数が「0」に近づくと、一方の変数からもう一方の変数を予測できる程度が少なくなっていきます。相関係数「0」の場合はまったく予想ができない場合です。

実際には、相関係数は、０・２や０・７６とさまざまな値をとるわけです。【図1－01】に相関係数と散布図の関係について(a)～(c)の例を示しておきました。心理学のデータでは、相関係数は、０・８や０・９などの高い値にはならないことが多く、０・４～０・６くらいの相関があれば、それらの変数間にある程度重要な関係があるのではないかと考えるのが普通です。

愛情と友情をごっちゃにしやすいのは男か女か

先ほどもお話ししたように、ドラマや小説ではしばしば「異性の間で友情は成り立つのか」というテーマが描かれます。では、友情が愛情に転化してしまうという傾向は、男女ではどちらが多いのでしょうか。これは、友情と愛情をどれだけ「分けて考える」ことができるのかという問題ですので、やはり友情と愛情の相関関係を分析することである程度推測ができます。つまり、男女でこれらの相関を比べてみればよいのです。

この問題について初めて分析したのは、ルービン（１９７０）です。彼は、男性の場合、愛情と好意（本研究での尊敬にむしろ近い）の相関は r = 0.60 程度あるのに対して、女性の場合は r = 0.39 程度であり、これより男性のほうが愛情と好意（尊敬）を混同してしまう可能性が大きいという結論を出しています。

表1-04 愛情、尊敬、友情の相関関係（男女別、n = 600人）

		愛情	尊敬	友情
愛情	男性	―	0.500	0.622
	女性	―	0.531	0.617
尊敬	男性	―	―	0.575
	女性	―	―	0.527

（数字はピアソンの相関係数）

一方、わが国では、中西（2004）が、あらかじめ恋愛関係にない二者間で協働作業をさせ、その後、ルービンの愛情・好意尺度を実施し、それらの相関係数を分析したところ、男性の相関 r = 0.72 より、女性の相関 r = 0.77 のほうが高くなったという結果から、女性のほうが混同してしまう可能性が高いという結論を出しています。

そこで我々もこれらの関係を分析してみました。【表1-04】にその結果を示しています。これを見てみると、愛情と友情の相関は女性よりも男性のほうが高くなっています。これは、数字上では女性よりも男性のほうが「愛情と友情をごっちゃにしてしまう」度合いが大きいということのように思われますが、じつはこの数字からそこまでいうことはできません。ここで男性と女性の愛情と友情の相関係数の差である0・005という数字は、統計的には小さすぎて意味を持ちません。つまり、結論としては「愛情と友情をごっちゃにして

表 1-05　交際満足度と恋愛関係尺度との相関（n = 600 人）

	交際満足度	相手の交際満足度推定値
「愛情」得点	0.413	0.360
「尊敬」得点	0.480	0.378
「友情」得点	0.585	0.551

（数字はピアソンの相関係数）

しまう」のは男性も女性も同じ程度だろうということが、ここからはいえるのです。同様のことは尊敬についてもいえます。

我々の研究結果からは、相手と一緒にいて楽しいと感じることや相手を尊敬することが愛情に転化する程度は、男女同じくらいなのではないかと結論づけられます。

交際の満足度に影響を与えるのは愛情か友情か

ところで、愛の深さは、カップルの交際の満足度に影響するでしょうか。もちろん、愛が深ければ深いほど、交際満足度も大きいことが予測されますが、その程度はどのくらいなのでしょうか。

これについてもやはり相関係数を使って分析することができます。「愛情」尺度の得点と交際満足度の得点（二人の交際に「非常に満足している」から「まったく満足していない」まで7段階で評定させた得点）の相関係数は、r = 0.413となりました。また、「相手はこの交際にどのく

図 1-02 愛情、尊敬、友情と交際満足度のパス解析

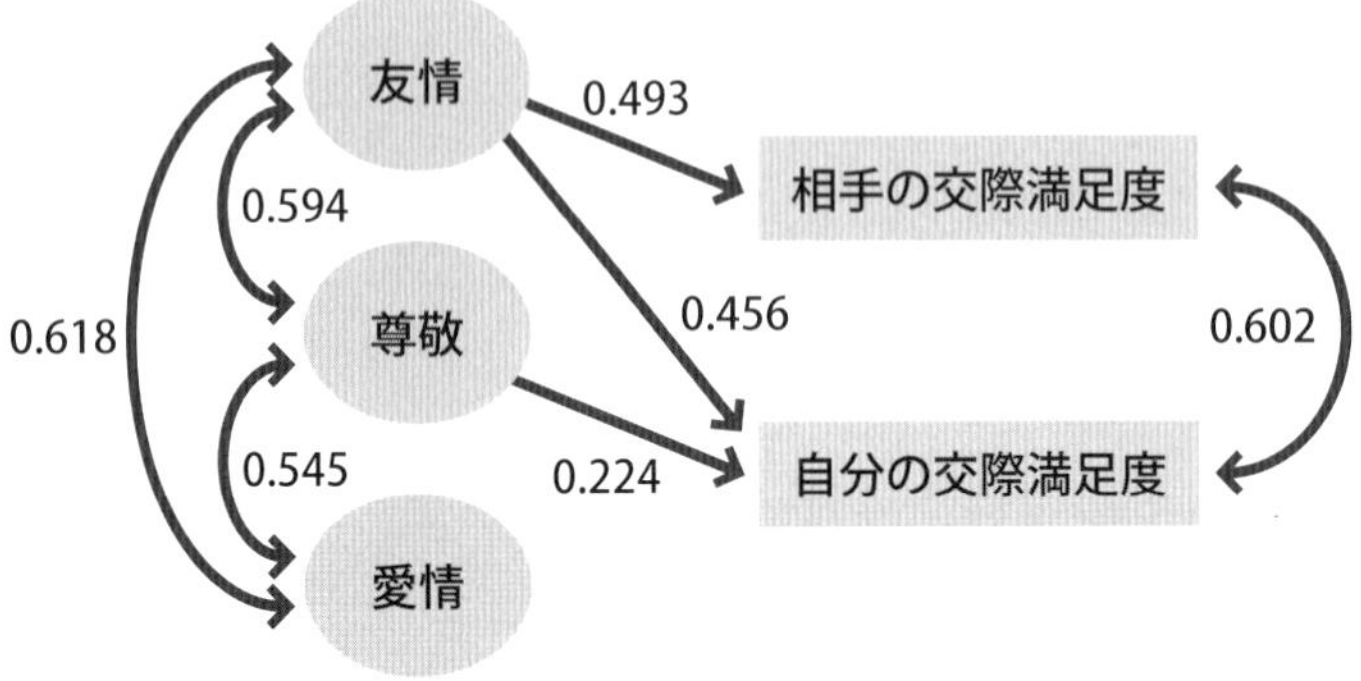

らい満足していると思いますか」という質問と恋愛得点の相関は、$r = 0.360$となりました。

これらはもちろん、仮説どおりの結果を意味しているのですが、じつは少し興味深いところがあります。確かに、相関係数０・４という数字はそれなりに高いのですが、愛の深さと交際満足度のように密接に関連していることが予測されるものとしては、少し低めです。

そこで、次に、「尊敬」と「友情」得点と交際満足度の関係を見てみることにしました。分析の結果を【表１－05】に示しました。この結果を見ると、じつは、交際の満足度と影響しているのは、「愛情」そのものよりもむしろ、尊敬や友情、とくに「友情」という要素だということがわかります。

さらに我々は、パス解析という方法を用いて、これらの関係をさらに詳しく分析してみました。パス解析は、「交際満足度」と「愛情」「尊敬」

「友情」がどのように関係しているのかの道筋を明らかにする分析です。この分析の結果を【図１－02】に示してみました。ここに出ている数値はパス係数といわれているものですが、見方は相関係数とほぼ同様です。

この図を見てみると、愛情と交際満足度の間の直接的な関係はなくなってしまっているのがわかります。【表１－04】で、これらの間に相関関係が見られたのは、愛情が友情を促進し、その結果、交際満足度が上昇したという経路をたどっていたからだ、ということをこの結果は示しています。交際満足度を直接規定しているのは「友情」ということがわかったのです。つまり、交際満足度は、「愛しているか」どうかよりも「一緒にいて楽しいか」や「一緒にいると落ち着く」といった要素が決定しているわけです。

確かに、みなさんも一方的に好きな人と一緒にいるだけでは必ずしも楽しくないと思いますし、いくら好きな人とつきあえても、デートが楽しくなければ満足度は低くなると思います。逆に言えば、それほど愛されていなくても、一緒にいて楽しいデートを演出することができたり、相手に尊敬されたりすれば、交際の満足度は高くなることが予想されますが、実際にそうなのではないでしょうか。

関係の進展を担っているのも愛情の深さではない

恋愛関係が進展すると、二人の関係は次第に親密になってきます。初めはグループで出かけ

表1-06 関係進展度と愛情、尊敬、友情得点の相関

	相関係数	無相関検定
愛情	0.136	**
尊敬	0.152	**
友情	0.341	**
交際期間	0.149	**

（**　$p < .01$：無相関検定で有意ということは相関があることを意味する）

たり、学校や職場から一緒に帰ったりするような関係だったのが、二人きりでデートをするようになり、日帰りで旅行に行ったり、相手や自分の家に泊まり合ったり、もちろん、その中で性的な関係も並行して進展していきます。そして、最終的には結婚について真剣に考え、婚約するようになります。

では、このような恋愛の進展ともっとも関連しているのは、「愛情」「尊敬」「友情」のどれなのでしょうか。もちろん、性的な関係を伴うような異性間の関係ですから、友情よりは愛情が深い場合に関係は進展しやすくなるように思われます。これは本当なのでしょうか。

これを検証するために、我々は次のような分析をしてみました。交際中の600組のカップルについて、二人の関係について「二人きりでデートをする」「二人で日帰りの旅行に行く」「相手の家に泊まりに行く」「家族（友人）に恋人として紹介する」

「結婚についての話をする」「婚約する」など、ファーストデートから婚約に至るまでの12段階の行動を挙げて、それらを体験しているかどうかをチェックさせました。平均段階は５・０１（標準偏差３・０２）程度でした。

次に関係の度合いと、愛情得点、尊敬得点、友情得点との相関係数を算出してみました【表1-06】。その結果、すべての関係が統計的には有意な相関がありましたが、愛情と尊敬については、相関係数の値は $r = 0.136 \sim 0.152$ しかありませんでした。これは関係がほとんどないのとあまり変わりません。一方、友情に関しては、$r = 0.341$ の相関が見られました。この相関はそれなりに高い相関です。つまり関係が進展するかどうかも、「愛情」の深さよりも「友情」の深さと関連しているということです。

この研究でわかったもう一つの興味深い点は、交際期間と関係の進展度にもそれほど大きな相関関係はないということです。これは、長年つきあっているから関係が深くなる、短いつきあいだから関係が浅いということは必ずしもないということを意味しています。

みなさんの周りにも、知り合ってからあっという間に深い仲になってしまったカップルや長年つきあっているのにいっこうに進展しないカップルがいると思いますので、なんとなくはわかると思います。「交際期間」よりは「友情」が関係の進展を予測するということは、ちょっと面白いところですね。

02

スタンバーグの愛の三角理論

愛を構成する3つの因子

恋愛関係にあるカップルを何組か見てみると、その関係のあり方はカップルによって大きく異なっていることがわかります。あるカップルは、恋人同士というよりはむしろ友達のように気軽な感じでつきあっていますし、別のカップルは、命をかけた燃えるような恋愛をしています。たとえ、「愛情」の深さが同程度であっても、その関係のあり方はあまりにも異なっているように思われます。そこで、「愛情」をさらに細かな因子（要素）に分けて分析してみる必要が出てきます。

このような研究の代表的なものとして、スタンバーグ（1986）の研究があります。彼は、「愛情」に関する行動を因子分析などの統計手法によって3つの因子（要素）に分類しました。その3つの要素は、「親密性」「情熱」「コミットメント」と呼ばれるものです。

スタンバーグの恋愛尺度は、日本語版の尺度（堀ら、2001）も作られていますが、私も、授業などで使用するために簡略化した教育用バージョンを作成していますので、とりあえずは、みなさんもそれを体験してみてください。この尺度も3つの因子それぞれの得点を測定する項目からなっていますので、みなさんはこれらの項目について、自分の交際相手との関係について、よく当てはまる場合には「２」点を、やや当てはまる場合には「１」点を、当てはまらない場合には「０」点を入れていき、合計点を計算してみてください。もちろん、現在交際中の人がいない場合には過去の交際相手や、空想上の交際相手を想定して答えてもらえばけっこうです。

愛の三角形（トライアングル）

スタンバーグは、このそれぞれの成分が、お互いの関係の中にどのくらい含まれているのかによって、それぞれの関係における「愛情」の姿を表現することができると考えました。みなさんも自らの恋愛パターンについて、まずそれぞれの因子ごとの得点を算出し、【図１－03】の中に自分の「愛の三角形」を書き込んでみてください。それぞれの因子の意味するところは次のようなものです。

親密性

親密性とは、親しさ、つながりを持っているという感覚、相手と一緒にいることによる幸福感、情緒的な支持を与えること・得ること、相互理解などからなる愛の感情のことです。次に述べる情熱に比べ、ゆったりとした落ち着いた愛情を意味する因子だと考えてよいでしょう。

	よく当てはまる	やや当てはまる	当てはまらない
❶	2	1	0
❷	2	1	0
❸	2	1	0
❹	2	1	0
❺	2	1	0

親密性の合計＝［　　　点］

❶	2	1	0
❷	2	1	0
❸	2	1	0
❹	2	1	0
❺	2	1	0

情熱の合計＝［　　　点］

❶	2	1	0
❷	2	1	0
❸	2	1	0
❹	2	1	0
❺	2	1	0

コミットメント
の合計＝［　　　点］

解説

親密性、情熱、コミットメントのそれぞれについて、あなたの得点の偏差値は以下の式に当てはめて算出することができます。

$$偏差値 = \frac{あなたの得点 - 平均点}{標準偏差} \times 10 + 50$$

▶表 1-07　スタンバーグの恋愛尺度（短縮版）の平均値と標準偏差

	あなたの性別	
	男 性	女 性
親密性	6.32 (1.99)	6.31 (2.10)
情熱	4.10 (2.51)	4.29 (2.25)
コミットメント	5.71 (2.10)	5.38 (1.92)

（カッコ内は標準偏差）

【例】あなたが女性で「親密性」の合計点が 10 点の場合

$$\frac{10 - 6.31}{2.10} \times 10 + 50 = 67.57$$

【例】あなたが男性で「情熱」の合計点が 2 点の場合

$$\frac{2 - 4.10}{2.51} \times 10 + 50 = 41.63$$

技術的な解説➡ p.259

心理尺度② スタンバーグの親密性、情熱、コミットメント尺度（簡略版）

Q

○○のところに相手の名前を入れて、以下の項目について「よく当てはまる（2点）」「やや当てはまる（1点）」「当てはまらない（0点）」の中から該当するものを選んで回答してください。（3段階）

親密性

❶ 私は○○とあたたかい関係である
❷ 私は○○のことを本当に信頼できると信じている
❸ 私は○○を近くに感じている
❹ 私は○○とうまくコミュニケーションをとっている
❺ 私は○○を必要なときに頼ることができる

情熱

❶ ふと気がつくと○○のことを何度も考えている日がある
❷ 私は○○を理想化している
❸ 私は他の誰よりも○○と一緒にいたい
❹ 私にとって○○との関係より重要なものはない
❺ ○○なしの人生なんて考えられない

コミットメント

❶ 私は○○を大事にしようと思っている
❷ ○○との関係を維持しようとすることに夢中である
❸ ○○への愛が残りの人生も続いていることを望む
❹ 私は○○について責任を感じている
❺ 私は○○との関係がゆるぎのないものだと考えている

図 1-03 スタンバーグの愛の三角形を書き込むフォーマット
(Sternberg, 1986)

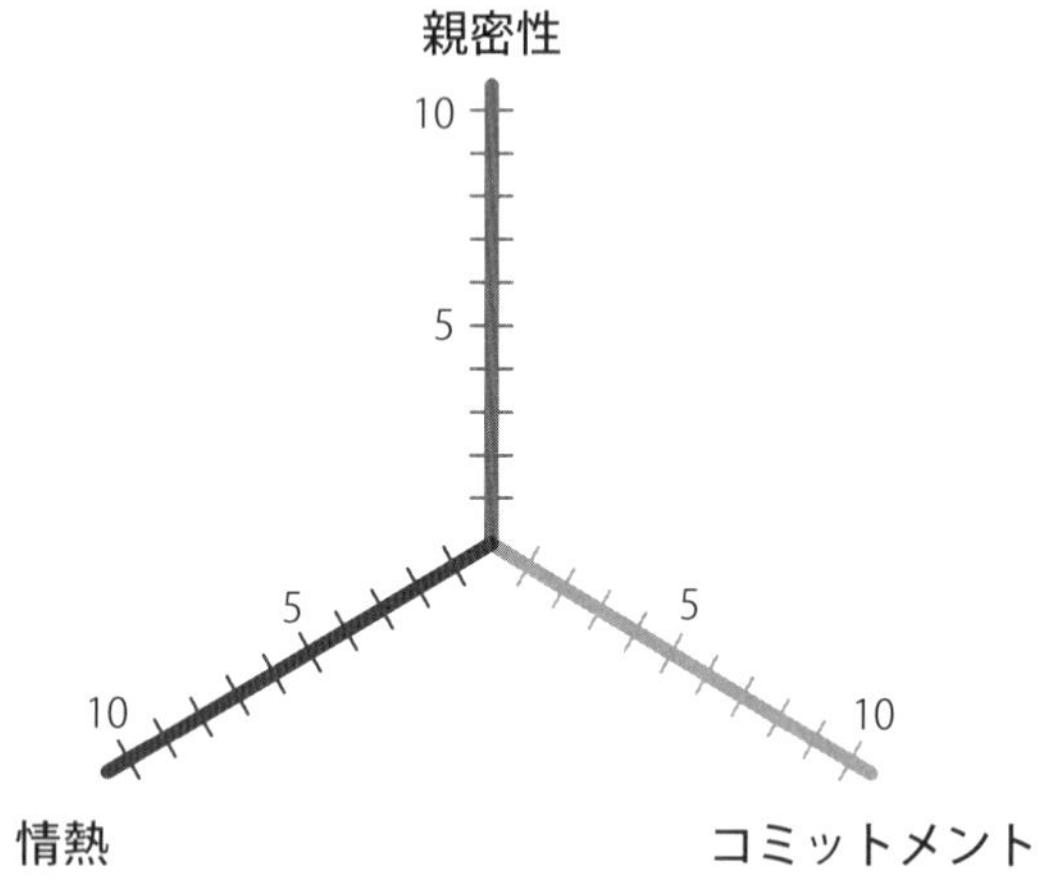

通常、恋愛といって我々が想像する二者関係は、デートをしたりお互いに語り合ったりして信頼を築いていく関係のことですが、これはまさに親密性の優位な恋愛だと考えられます。

情熱

情熱とは、「燃える愛」のことです。親密性に対して非常に情動喚起的な愛の成分です。相手の身体的魅力に対するあこがれ、ドキドキする感覚、相手を独占したいという欲求なども含みます。情熱的な恋愛は性的な関係ともちろん関係しますので、相手と一つになりたいという欲求も情熱の一部となります。ひと目で相手に燃えるような恋をしてしまい、相手のことを考え続け、相手のためになら命さえ投げ出すことができるなどと感じる状態は、情熱が優位な恋愛の状態です。

コミットメント

コミットメントは、愛の行動の中で、非常に知的で冷静な意思決定や判断をさす因子です。短期的には「この人と交際しよう」という決断をすること、長期的には「この人との関係を維持していこう」という決断をし、そのような努力をしていくことがこれに当たります。情熱や親密性が伴わないコミットメントだけの関係というのはあまり考えられないように思われますが、お互いの家柄や生活環境が類似しているということから、お見合いで結婚することを決心する場合など、「相手と一緒にいてとくに安らぐこともないし、もちろん相手に燃えるような情熱を感じているわけではないが、結婚して一緒に人生を歩んでいこうと決心する」という状況は、少し前の時代には必ずしも珍しいものではありませんでした。

愛の三角形の形と愛の分類

さて、作成してもらった「愛の三角形」ですが、スタンバーグは、この三角形の形からそれぞれの二者関係における「愛情」を診断することができるとしています。まず、三角形の面積は、愛の量を示します。三角形が小さいと愛が少ないということを、三角形が大きいと愛が大きいということを意味します。次に三角形がどのような形をしているのかによって、そのカッ

図1-04 スタンバーグの愛の三角形の分類図 (Sternberg, 1986)

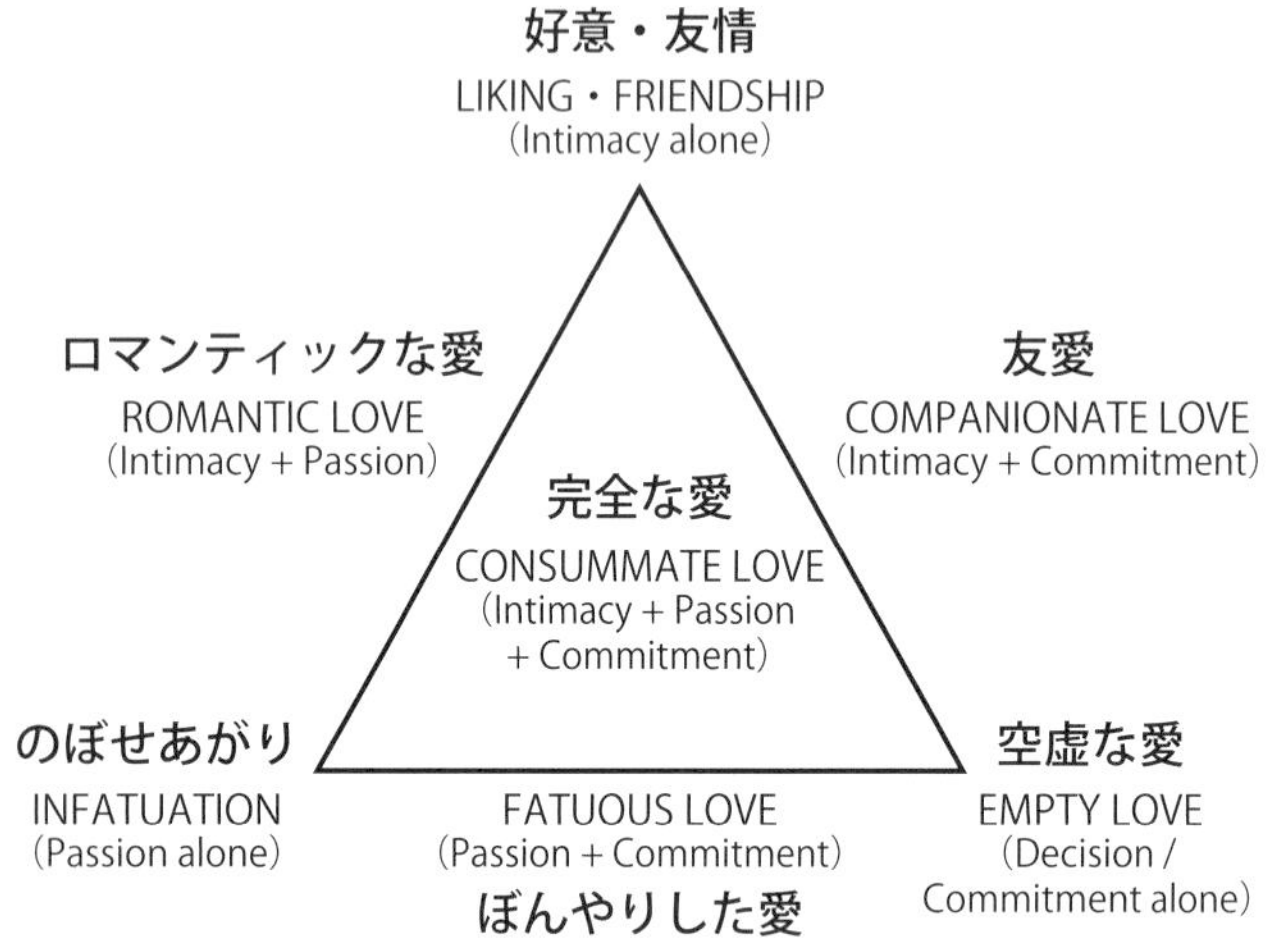

プルの「愛情」の姿を分類できます。そして、スタンバーグはそれぞれのパターンに名前をつけています。

それを【図1-04】に示してみましょう。愛の3つの成分がすべてバランスよくそろっていて、大きな三角形が作られる場合、それは「完全な愛（consummate love）」と呼ばれます。また、この反対に、すべての成分が少ししか存在しない場合、それは「愛の非存在（non-love）」を意味します。

親密性のみが突出している場合は愛というよりは友情（friendship）とか好意（liking）です。情熱のみが突出している場合はのぼせあがり（infatuation）、コミットメントのみが突出している場合は空虚な愛（empty love）と呼ばれます。

逆に親密性のみが少ない場合、ぼんやりした愛（fatuous love）、情熱のみが少ない場合、友愛（companionate love）、コミットメントのみが少ない場合、ロマンティックな愛（romantic love）と呼ばれます。みなさんの愛のパターンはどれだったでしょうか。

現代の大学生における愛のパターン

さて、現代の大学生カップルの愛の三角形のパターンを見てみると、男女とも親密性が最も高く、次いでコミットメント、情熱という順番になっています。これは現在の日本の大学生が、情熱があまり存在しない友情に近いような恋愛をしているのだと解釈することができます。

じつは、恋愛研究の文脈では当初は、愛の２段階理論が提案されたことがありました（バーシャイドとウォルスター、１９７４）。これは、恋愛関係においては初めに情熱的な恋愛（passionate love）が成立し、それが時間を経るごとに友愛型（companionate love）に変化していくものだというものです。確かに結婚生活においては、初めはとても情熱的ですが、いつまでもこのような関係が持続することはあまり多くなく、次第にその関係のありようは友人的になっていくということは確かです。

しかし、現在の若者はこの情熱的な関係をあまり経験しないまま、友愛的な恋愛関係を築いていくほうがむしろ好みに合っているようなのです。これは日本の大学生のみでなく、アメリカの大学生でも同様で、アメリカの大学生カップルも交際相手のことを「恋人」とよりは、

表1-08 理想と現実の二者関係についてのスタンバーグの3つの因子の得点

	理想	現実
親密性	6.20（2.35）	6.31（2.05）
情熱	4.30（2.28）	4.22（2.34）
コミットメント	5.34（1.81）	5.51（1.98）

（カッコ内は標準偏差）

「よい友達」だと考えることを好むようです（ヘンドリック夫妻、2009 翻訳書7章）。本書でも二人の関係の満足度や関係の進展が「愛情」よりも「友情」成分によって左右されるということを示してきましたが、これも同様な現象なのかもしれません。

理想の恋愛と現実の恋愛

スタンバーグは、この尺度を使ってもう一つ面白いものを測定しています。それは「理想の二者関係」です。みなさん、先ほどはこの尺度を現実の二者関係を対象にして行いましたが、次は「こうありたいと思う」理想の二者関係について回答してみてください。そして、その得点も【図1-03】に書き入れてみてください。これらの2つの三角形を比較してみると、自分たちの関係が、理想と比べてどこが足りないのか、どの部分は十分なのかを判断することができます。

ちなみに大学生の理想の二者関係の平均値は【表1-08】

のようになりました。理想の二者関係に比べると、現実の二者関係では、少し「情熱」が足りないようですね。「親密性」と「コミットメント」については、理想以上の値になっています。

情熱的な愛は燃え尽きるのも早い

スタンバーグの愛の三角形の中の情熱的な成分は、日本の大学生にはあまり好まれないようですが、映画や小説の恋愛の中では非常にポピュラーです。人生において一度くらいは、映画で描かれるような燃えるような愛を経験したいなあと思う人もいるかもしれません。

しかし、情熱的な恋愛はそれだけ早く燃え尽きる可能性も大きいということが指摘されています。たとえば、アーメトグルら（２０１０）は、恋愛タイプとパーソナリティが恋愛の持続期間に及ぼす影響について、イギリスに在住する老若男女1万６０００人以上を対象にして大規模なインターネット調査を行いました。この調査では、もっともポピュラーな性格テストである5因子性格検査とスタンバーグの恋愛尺度、そして、交際している人との恋愛の持続期間について質問がなされました。その結果は構造方程式モデリングという統計手法によって分析されました。

分析の結果、スタンバーグの3つの要素のうち「コミットメント」は、関係の持続期間と正の相関を持っていましたが、「情熱」はなんと負の相関を持っていました。これは、情熱が大きいほど早く関係が終結するという結果です。

確かに燃えるような気持ちをずっと持ち続けているのはなかなか難しいですし、それが醒めてしまったときのわびしさもひとしおのように思います。まったりした関係のほうが長く続くというのも納得できるような気もします。

03

リーのラブスタイル理論

愛を6つの因子で分析する

スタンバーグの恋愛分類は非常に興味深いもので、多くの研究も行われているのですが、大学の授業で行うと、スタンバーグの分類よりもリーによる恋愛分類のほうが人気があります。リーは1973年に出版された『愛の色彩理論（The Colours of Love）』の中で、ラブストーリー分類法という方法を使って、恋愛の分類を試みました。リーは、まず、愛の基本的な構成要素として色の三原色のような「愛の三原色（three primary colors of love）」を考案しました。これは、エロス、ルダス、ストルゲといわれる愛のスタイルのことです。

そして彼はさらに、この三原色を混ぜ合わせることによって、二次的な三原色が現れると考えました。それが、プラグマ、マニア、アガペといわれるものです。リーはこれを【図1－05】のような配置に図示しています。

リーの理論や考え自体はかなり複雑で、尺度のようなものを使って恋愛を分析することについては、彼自身は、当初はあまり積極的ではありませんでした。彼の理論を尺度化したのは、ヘンドリック夫妻（1989、1998）です。夫妻の作成した尺度は、愛への態度尺度

図1-05 リーの6種類の恋愛スタイルの関連図 (Lee, 1973)

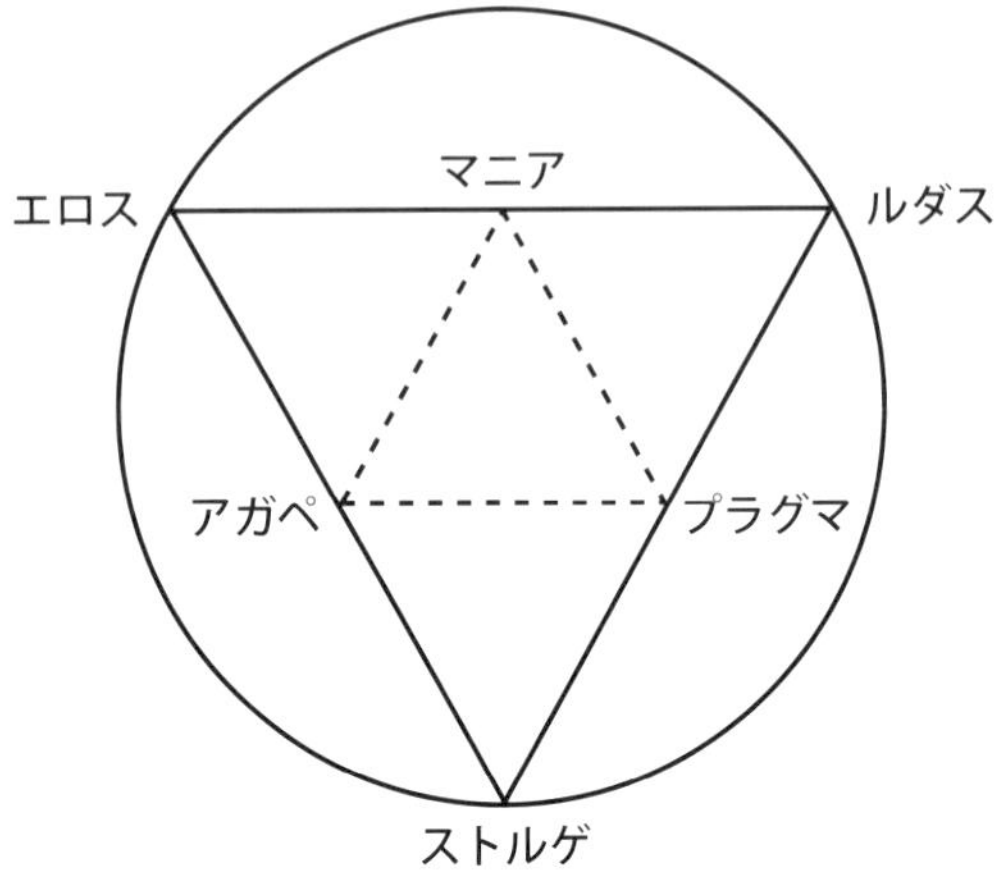

(LAS：Love Attitude Scale）といいます。これが、現在**「リーのラブスタイル尺度」**といわれているものです。

ヘンドリック夫妻は、リーが当初提案した3＋3の三原色の組合せ的な理論よりはむしろ6つのタイプの恋愛スタイルをそれぞれ別のものと考えて、ある人の恋愛に対する態度（スタイル）の中にこれらの6つの愛の成分がどの程度含まれているのかを測定する尺度として、尺度を構成しています。彼らの作り出した最新バージョンの尺度は24項目からなるものです。この尺度は日本においても、松井ら（1990）によって日本語バージョン（LETS-2）が作られており、日本では松井らの尺度が用いられることが多いのが現状です。

**表 1-09　大学生による
ラブスタイル尺度短縮版の平均値と標準偏差**

	男性	女性
エロス	4.74（1.61）	4.21（1.92）
ルダス	2.84（1.77）	2.88（2.16）
ストルゲ	4.29（2.85）	4.50（2.97）
プラグマ	2.61（2.38）	3.85（2.40）
マニア	4.61（2.69）	5.00（2.60）
アガペ	4.83（2.34）	3.10（2.44）

（カッコ内は標準偏差）

これについても、我々の研究室では、教育用に簡易版の尺度を構成していますので、みなさんは自分の恋愛スタイルとそれぞれの恋愛スタイルについての自分の偏差値を算出してみてください。この尺度を体験すると、それぞれの愛の成分がどのような特徴を持っているのか、また、みなさん自身の恋愛がどのような特徴を持っているのかを把握することができます。

ラブスタイル６つの要素

ここで改めて、リーが提案し、ヘンドリック夫妻が尺度化した愛のスタイルを構成する６つの要素についてまとめてみましょう。

	よく当てはまる	やや当てはまる	当てはまらない
❶	2	1	0
❷	2	1	0
❸	2	1	0
❹	2	1	0
❺	2	1	0

エロスの合計＝［　　　点］

❶	2	1	0
❷	2	1	0
❸	2	1	0
❹	2	1	0
❺	2	1	0

ルダスの合計＝［　　　点］

❶	2	1	0
❷	2	1	0
❸	2	1	0
❹	2	1	0
❺	2	1	0

ストルゲの合計＝［　　　点］

p.55 に続く➡

心理尺度③　リーのラブスタイル尺度（その１）

Q

次のそれぞれの質問について、自分の交際相手との関係が、「よく当てはまる（２点)」「やや当てはまる（１点)」「当てはまらない（０点)」までの中から該当するものを選んで回答してください。(３段階)

エロス

❶ 彼（女）と私は会うとすぐにお互い惹かれ合った

❷ 彼（女）と一緒にいると私たちが本当に愛し合っていることを実感する

❸ 彼（女）と私はお互い出会うために生まれてきたような気がする

❹ 彼（女）との愛を大切にしたいと気を遣っている

❺ 彼（女）といると甘く優しい雰囲気になる

ルダス

❶ 彼（女）が私に頼りすぎるときには、私は少し身を引きたくなる

❷ 彼（女）に期待を持たせたり、彼（女）が恋に夢中にならないように気をつけている

❸ 私は必要だと感じたときだけ、彼（女）にそばにいてほしい

❹ 私は彼（女）にあれこれ干渉されるとその人と別れたくなる

❺ 特定の交際相手を決めたくないと思う

ストルゲ

❶ 私たちの友情がいつ愛情に変わったのかはっきりしない

❷ 私たちの友情は時間をかけて次第へ愛へと変わった

❸ 彼（女）との交際が終わっても友人でいたいと思う

❹ 最良の愛は長い友情の中から育つ

❺ 長い友人づきあいを経て、彼（女）と恋人になった

	よく当てはまる	やや当てはまる	当てはまらない
❶	2	1	0
❷	2	1	0
❸	2	1	0
❹	2	1	0
❺	2	1	0

プラグマの合計＝　　点

❶	2	1	0
❷	2	1	0
❸	2	1	0
❹	2	1	0
❺	2	1	0

マニアの合計＝　　点

❶	2	1	0
❷	2	1	0
❸	2	1	0
❹	2	1	0
❺	2	1	0

アガペの合計＝　　点

解説

自分の交際相手についてそれぞれの尺度の合計得点を算出して、【表1-09】の大学生の平均値と標準偏差をもとにして、それぞれの因子ごとに自分の偏差値を算出してみてください。計算式は心理尺度①および②に挙げたものと同じ式です。

技術的な解説➡ p.259

心理尺度③　リーのラブスタイル尺度（その2）

プラグマ

❶	私は交際相手と深くかかわる前に、 その人がどんな人になるだろうかとよく考える
❷	恋人を選ぶとき、その人が私の経歴にどう影響するかを考える
❸	恋人を選ぶときにその人に経済力があるかどうかを考える
❹	恋人を選ぶときに、その人とのつきあいは 私の格（レベル）を下げないかと考える
❺	恋人を選ぶとき、その人の学歴や育ちが私とつりあっているか考える

マニア

❶	彼（女）が私を気にかけてくれないと、私はすっかり気が滅入ってしまう
❷	彼（女）が他の誰かとつきあっているのではないかと思うと、 落ち着いていられない
❸	私は気がつくといつも彼（女）のことを考えている
❹	彼（女）は私だけのものであってほしい
❺	彼（女）からの愛情がほんのわずかでも欠けていると感じたときは、 悩み苦しむ

アガペ

❶	彼（女）が苦しむぐらいなら、私自身が苦しんだほうがましだ
❷	私自身の幸福より彼（女）の幸福が優先しないと私は幸福になれない
❸	私は彼（女）と一緒ならどんな貧乏な暮らしでも平気である
❹	私は彼（女）のためなら死ぬことさえも恐れない
❺	どんなにつらくても私は彼（女）に対していつも優しくしてあげたい

エロス（情熱的、エロティックな愛：passionate, erotic）

恋愛の本質をロマンスと考えます。相手の外見に強く引きつけられ、心が揺り動かされます。ひとめぼれを起こしやすい。運命的な結びつきを感じます。この人でなくてはならないという強い直感を伴います。

ルダス（ゲームのような深入りしない愛：game-playing, uncomitted）

恋愛をゲームのようにとらえ、相手を次から次に取り替えていこうとします。恋愛は楽しみのためにするものであり、相手にあまり深入りせず、複数の相手ともつきあえます。そのためにはウソをついたり、重要な情報の自己開示をしなかったりすることもありえます。恋愛は長続きしません。ただし、本当に自分にぴったりな相手を見つけるためのプロセスで、ある程度のルダス的ふるまいをすることは、現代の若者にとっては十分ありうることです。

ストルゲ（友情のような愛：friendship）

ゆっくりと時間をかけて愛をはぐぐみます。友情のように穏やかですが、関係は長く続きます。幼なじみの関係や、友達関係からの進展などの関係をさします。情熱的な愛情や独占欲、嫉妬などはあまり感じません。『アルプスの少女ハイジ』のハイジとペーターのような関係でしょうか。

プラグマ（実用的で計算高い愛：practical, calculating）

恋愛を自分の利益を得る手段として考えています。相手とつきあうことで自分にとってどのようなメリットがあるかを考え、メリットのある相手とつきあっていきます。「この人と結婚するとリッチな生活が送れる」とか「この人とつきあうと勉強を教えてもらえる」などの動機に基づく愛です。相手の選択においては、学歴、職業、年齢、家柄などが自分にふさわしいかを重視します。

マニア（偏執狂的な愛：obsessional）

情熱的で、相手に強迫的にのめり込みます。独占欲が強く、嫉妬深い。相手の愛情を何度も確かめたがります。愛が得られたときの快楽と、愛が失われるのではないかという苦痛が交互に現れます。

アガペ（愛他的で惜しみなく与える愛：altruistic, giving）

自己犠牲的で、自分の愛するものの幸せのためなら自分の幸せを犠牲にしてもかまわないという感情です。見返りを求めず、相手のために尽くす献身的な愛。相手のためなら自分の命さえも差し出すことができるような気持ちです。

表1-10 カップル間のラブスタイル類似性と交際満足度の関係
(Hendrick et al., 1988)

	カップル間相関	交際満足度との相関	
		男性	女性
エロス	0.56	0.40	0.49
ルダス	0.18	-0.55	-0.47
ストルゲ	0.40	0.06	0.24
プラグマ	0.21	-0.13	0.10
マニア	0.33	0.01	-0.11
アガペ	0.26	0.24	0.27

(数字はピアソンの相関係数)

カップル間のラブスタイルは似ているのか

では、カップルのそれぞれにこの尺度を実施した場合、どのようになるでしょうか。カップルのラブスタイルは似たものになるでしょうか。この研究を行ったのが、ヘンドリックら(1988)です。彼らは、57組の大学生カップルそれぞれについて、そのラブスタイルを測定しました。【表1-10】にその結果を示します。

カップル同士の相関係数を見てみると、エロスとストルゲはかなり高い相関が見られました。自分が相手に強く引きつけられ運命の人だと感じている(エロス)場合には交際相手も同様に感じているということを、また愛というよりは友情に近い恋愛だなと感じている(ストルゲ)場合には、相手もそのように感じていることがわかります。

一方で、マニアとアガペの得点の相関はそれよりも低くなっていますし、プラグマ、ルダスはさらに低くなっています。つまり、自分が情熱的に（マニア）相手を愛していれば、相手も情熱的に愛してくれているのかというとちょっと怪しい可能性があるわけです。

交際満足度とラブスタイルの関係

ヘンドリックらは、お互いの愛についての満足度とそれぞれのラブスタイルの相関についても算出しています。これを見ると、エロスの得点と交際満足度の間の相関が大きいことがわかります。一方で、ルダスの得点は愛についての満足度を低める効果がありました。これは当たり前といえば当たり前ですが、遊び的な愛は、やはり高い満足を引き起こさないということを示しています。

また、ヘンドリックらはこれらのカップルを追跡してみました。2か月後に連絡の取れた30組のカップルのうち、7組はすでに別れていました。この7組のラブスタイルを分析してみると、やはりルダス的な成分が多かったことがわかりました。

同様な研究を行っているのが、デービスとラティ＝マン（1987）です。彼らは、70組の大学生のカップルを対象にして、交際満足度とそれぞれのラブスタイルの相関を算出しました。その結果、交際満足度と正の相関を示したのは、男女ともエロスとアガペで、これらの値が高いほど交際満足度は高く、やはり、ゲーム感覚の愛のルダスは負の相関を示し、この値が

表1-11 カップル間のラブスタイル類似性と交際満足度の関係

	ミークスとヘンドリック夫妻（1998）		デービスとラティ＝マン（1987）	
	カップル間相関	交際満足度との相関	交際満足度との相関	
			（男）	（女）
エロス	0.42	0.68	0.43	0.31
ルダス	0.16	-0.51	-0.28	-0.22
ストルゲ	0.36	0.22	-0.01	-0.02
プラグマ	0.17	0.01	-0.08	-0.03
マニア	0.14	0.14	0.14	0.06
アガペ	0.27	0.52	0.21	0.32

（数字はピアソンの相関係数）

高いほど交際満足度は低いことがわかりました。

ミークスとヘンドリック夫妻（１９９８）も、１４０組の大学生カップルを対象にして、お互いのラブスタイルの相関を出すとともに、その交際についての満足度を予想する回帰式（詳しくは【Column 08】で説明します）を作るという研究を行っています【表1－11】。この研究でも、ヘンドリック夫妻と同様に、エロス、ストルゲ、アガペはカップル間の相関が高く、交際満足度は、エロス、ストルゲ、アガペのポジティブラブ3要素によって増大し、ルダスの存在によって減少することがわかりました。

このように、交際満足度を高めるラブスタイルに関してはいくつかの研究があ

1

表 1-12　リーのラブスタイル尺度の性差（松井ら，1990）

	男性	女性	有意差
エロス	18.16	17.12	*n.s.*
ルダス	16.71	18.34	**
ストルゲ	17.94	18.30	*n.s.*
プラグマ	13.27	16.91	**
マニア	20.22	19.36	*n.s.*
アガペ	19.30	17.65	**

（** $p < .01$；*n.s.*　有意差なし）

るのですが、すべての研究で共通していえることは、エロスの得点がもっとも交際満足度と関連しているということです。

また、マニア、ストルゲ、アガペは基本的にはそれらのラブスタイル得点が高いほうが交際満足度は大きいですが、お互いがどのような交際を求めているのかということなどと関連していて必ずしも一貫していないようです。おそらく、対象者の年齢や所属集団、文化などによっても違いが大きいのではないかと考えられます。

とくにマニアは、スタンバーグの尺度では「情熱」と密接な関係があると思われますが、そう考えると一時的には高い交際満足度を生じさせるかもしれません。しかし「燃え尽きるのも早い」ため、恋愛のフェイズによっては交際満足度との相関が低くなると思われます。なお、ルダスとプラグマはどの研究でも交際満足度と低い相関を示し

表1-13 ラブスタイルの性差に関するわが国の最近の研究結果

	Kanemasa et al.（2004）		天谷（2005）		越智（2012）	
	男性	女性	男性	女性	男性	女性
エロス	15.74	16.77	28.95	27.91	19.30	19.91
ルダス	14.76	16.21	19.05	20.31	14.70	17.32
ストルゲ	16.88	17.29	20.52	20.16	19.95	20.14
プラグマ	10.92	15.78	21.23	24.56	15.20	20.23
マニア	19.73	20.72	28.78	26.00	20.05	23.77
アガペ	19.28	16.76	30.24	30.76	21.60	19.41

（注１）ここに挙げた数値はLETS-2の各尺度の合計点です。
（注２）天谷の研究では、尺度の構成項目が若干異なりますので、性差のみに注目して見てください。

ています。

ラブスタイルに性差はあるか

では、ラブスタイルには性差があるのでしょうか。この問題を初めて日本で検討したのは、やはり、松井ら（１９９０）です。彼らは、日本版ラブスタイル尺度（ＬＥＴＳ－２）を日本の大学生に実施しました。その結果を【表１－12】に示してみます。

この結果を見て少し悲しい感じがするのは、アガペが男性に多く、ルダスとプラグマが女性に多いという結果です。これは、よくある恋愛の性別ステレオタイプとは異なった愛の形です。普通は尽くす（アガペ）のは女性の役割であり、女性を遊んで捨てたり（ルダス）、自分のためにたぶらかしたり（プラグマ）するのは男性の役割だと思われているからです。

ただし、ここでちょっと考えなければならない問題があります。それは松井の研究が行われた「時代背景」です。この時代はいわゆるバブルの時代であり、お金が街にあふれて、人々は遊びまくり、女性はみんなちやほやされていた時代です。この時代には、「アッシー（女性を車で送迎することを主な役割とするボーイフレンド）」や「メッシー（女性にフランス料理などをごちそうすることを主な役割とするボーイフレンド）」などの言葉が生み出され、一部の恵まれた「本命君」を除けば、男性が奴隷のようにこき使われていました。

そのような時代背景の中で、男性のアガペの得点が高くなり、女性のルダス、プラグマの得点が高くなるのは当然考えられることです。女性は本来、もっと清純な（たとえば、アガペやストルゲなどの高い）存在なのに、時代が女性をこのようにしてしまった可能性があるのではないか、私はそう思いました。すると現代の大学生で改めて松井らと同様のデータを取れば、きっと違った結果になるだろう。そう考えたわけです。

そこで我々は、２０１２年に現代の大学生を被験者としてこの尺度を実施してみました。結果を【表１－13】に挙げます。なんと、松井らとほぼ同じ結果になってしまいました。つまり、このような傾向は時代背景によって作られたものではなく、実際の性差である可能性が大きいのです。確かに、２００４年に発表された日本の大学生を対象としたKanemasa（金政）らの研究でも、２００５年に発表された天谷の研究でも、ほぼ同様の結果が得られていました。

結局、恋愛はいくつの要素からなっているのか

本章では、スタンバーグの愛の三角理論やリーのラブスタイル理論などを紹介してきました。じつは、このように愛を分類する研究はほかにもいくつかあります。たとえば、スタンバーグ（１９９５）は三角理論の後、愛はラブストーリーであるという考えから、愛のラブストーリー理論を提案していますが、ここでは25個の愛の類型が示されています。また、ヘクトら（１９９４）は、関与、直感、安定、伝統、友愛の５つの因子によって愛を測定するラブウェイ理論を提案しています。ただし、細かく恋愛を分けてみればみるほど、特殊なケースが多く含まれてきてしまうという問題があります。

ヘンドリック夫妻（１９８９）は、さまざまな愛の測定尺度をまとめて分析し、「愛」は結局いくつの要素からなっているかについて検討する研究を行いました。その結果、「親密性・友愛」的な要素と「情熱的」な要素で全体の分散の46％を説明できることがわかりました。それ以外の項目はあまり大きな影響力を持っていませんでした。結局のところ、この２つが恋愛を構成するもっとも重要な要素なのだと考えられます。

第2章

モテるための心理学

01

恋愛にとってルックスはどのくらい重要か

モテ度とルックスの関係を調べるには

恋愛において、「顔」や「スタイル」などの見かけ（これを外見的魅力といいます）は、どのくらい重要なのでしょうか。じつは、この問題は恋愛の心理学にとってもっとも重要な研究テーマの一つです。

では、この問題はどのように検討すればよいでしょうか。一つの方法として、アンケート調査が考えられます。つまり、高校生や大学生に「あなたは恋愛において顔と性格どちらに重点を置きますか」と聞いてみる方法です。しかしながら、この方法は一つの大きな弱点を持っています。それは多くの人が「人間は、外見よりも中身（性格）を見るべきだ」という考えを子どもの頃からたたき込まれているために、実際には「外見重視」だったとしても、アンケートには「性格重視」と答えてしまうバイアスがかかる可能性があるということです。

そこで、これを実際に試してみるためには、やはり実験をやってみることが必要になります。この実験を行ったのが、恋愛の社会心理学研究の第一人者ウォルスターです。

ウォルスターのブラインドデート実験

ウォルスターら（1966）は、大学の新入生向けの「出会い系」パーティーを舞台にしてこの実験を行いました。パートナーが欲しい男性と女性参加者に会場に来てもらい、初めに何種類かの性格テストに回答させました。そして、その結果をもとに「コンピューターが最適なカップルだと判断」した相手と引き合わされました。その後、2時間半ほどのパーティーを行った後で、それぞれの参加者は実験者から「引き合わされた相手にどの程度満足したか、もう一度デートしたいか」について尋ねられました。

じつはこの実験では、実際には「コンピューターが最適なカップルだと判断」していません。カップルは男性のほうが身長が高くなるようにした以外はランダムに組み合わされていたのです。ウォルスターらが当初明らかにしたかったのは、どのような性格の人が「もう一度デートしたい」と判断されやすいか、つまりモテるのかでした。ところが結果を分析してみると、「もう一度デートに誘われやすい」性格というのは存在しないことがわかりました。たとえば、外向性が高い性格は一般的には「モテる」と考えられやすいのですが、外向性とモテやすさの間に相関関係はほとんど存在しませんでした。

この実験では、じつは実験参加者の「外見的魅力」も密かに評定されていました。受付に現れた参加者の外見を4人の上級生が評定していたのです。この評定値と「もう一度デートしたいか」の評定値の相関を取ってみたところ、なんと性格との関係よりもはるかに高い相関が得られました。つまり、もう一度デートしたいと思われるかどうかは、性格よりも外見に左右されたのです。これは、恋愛において性格よりも外見的魅力が大きな影響力を持っているということを示す結果です。

出会い系サイトで人は自分の顔を盛る

実際に、恋愛において顔はかなり重要だということは、多くの人がうすうす感づいていることです。それを示す現象の一つを紹介しましょう。出会い系サイトに登録するときどうするかという研究です。出会い系サイトには自己紹介ページがあり、そこにはプライベート情報とともに自分の写真が載るわけですが、より多くの人から注目してもらうためには、どのようにすればよいでしょうか。

じつは、もっとも多くの人が行っているのは「顔を盛る」ということです。たまたま美人やイケメンに撮れた顔写真を使ったり、画像編集ソフトで顔を魅力的に加工したりしたものをアップするという方法です。学歴や収入、身長、性格などを盛ることももちろん行われますが、一番効果があるのが、顔を盛ることなのです。

この現象を実証的に研究したのは、コーネル大学のトーマとハンコック（２０１０）です。彼女らは、次のような仮説を検証しようと思いました。①人は出会い系サイトで顔を盛る、②

その傾向はもともとの顔が魅力的でない人ほど顕著である、③もともと魅力的な人は、（顔を盛る必要がないので）よりたくさんのスナップ写真をアップしている。

そこで、彼女らはまず、Yahoo! PersonalsやMatch.comなどのオンラインの有名出会い系サイトに登録している男性40人、女性40人に連絡を取って、実験室に来てもらいました。そして、彼らの写真を実験室で撮影しました。この写真と、彼らの出会い系サイトでの自己紹介ページにアップされている写真について、49人の大学生が「まったく魅力的でない＝1」から「非常に魅力的である＝10」まで10段階で評定しました。

その結果、まず、実験室で撮られた写真よりも自己紹介ページにアップされている写真のほうが高い魅力度を持っているということがわかりました。つまり、みんな自分の写真を「盛っている」という第一の仮説が検証されました。この傾向は、男性よりも女性で顕著でした。また、実験室で撮られた写真が魅力的でないほど、「盛り」度は大きいことがわかりました。

さらに、実際の顔の魅力度が高い人のほうが、自己紹介ページに自分のスナップ写真などを多く掲載しているという第三の仮説も検証されました。つまり、自己紹介ページの写真自体は「盛られて」いるので、あまり信用できないが、自分の写真がたくさんアップされている人はそれだけ魅力が高い可能性があるわけです。

一方で、職業や収入、学歴については「盛る」傾向は観察されませんでした。つまり、出会い系サイトでモテるためには、このような属性を盛るよりは、顔の魅力度を盛るほうが効果が大きいということを、人々は知っているわけです。

本当に外見的な魅力が決定的に重要なのか

ウォルスターらの実験では、性格などよりも圧倒的に外見的な魅力度のほうが重要だという結論が出たわけですし、出会い系サイトの研究では、相手と会ってもらうためには「顔を盛る」ことが重要だということがわかりました。これらの研究を見てみるとやはり、「顔が悪いとどうしようもない」と考えてしまいがちです。しかし、本当にそうなのでしょうか。

実際問題、我々の周りを見回してみると、外見はいまひとつなのにとてもモテている人も、また、外見はとてもイケメン（美人）なのにまったくモテない人もいるのではないでしょうか。それはウォルスターらの研究や出会い系サイトの研究ではあまり明らかになってきません。

じつは、この問題を考えるときに重要な点として、恋愛のフェイズ（段階）の問題があります。ウォルスターらの実験では、「出会い系パーティー」において、お互い初めて出会ってから2～3時間程度の魅力が測定されていました。また、出会い系サイトの研究では、ともかく会ってもらえるかどうかが重要な問題になっていました。このように出会いのほんの初期の部分においては、我々は相手の性格や価値観を知ることはできないため、相手とデートしたいかどうかの判断はどうしても外見的な情報に偏ってしまうのです。しかし、これは実際の恋愛過程の入り口の部分だけを切り取って研究したものにすぎません。

マースタインのSVR理論

この問題に一つの答えを出したのがマースタインです。彼は、恋愛のSVR理論を提唱しました。この理論では、まず、恋愛から結婚に至るプロセスを3つのフェイズに分けます。そして、それぞれのフェイズでは、恋愛相手の選択において重視される成分が異なってくると考えます。

この理論によれば、恋愛の最初のフェイズはSです。このSは、刺激（Stimulus）の頭文字を取ったものです。Sフェイズでは、外見的魅力やそばにいるかどうかなど、比較的表面的な情報が重要になってきます。ウォルスターの研究で外見が良い人がモテたのは、じつは出会ってからたかだか数時間では相手のことを知る機会はあまりなく、それゆえ、相手を外見くらいでしか判断できなかったからだと思われます。

マースタインのモデルでは、恋愛の次のフェイズはVです。このVは価値観（Value）の頭文字を取ったものです。Vフェイズでは、お互いの趣味や嗜好、考え方、人間観、価値観などが一致しているかどうかが重要になってきます。また、このフェイズでは、顔などの外見的魅力の重要度は低下してきます。しかも、非常に重要なのはそもそも「恋愛」といわれるのはこのVフェイズであるということです。そのため、じつは恋愛においては顔の良さはウォルスターの結果ほどは重要でない可能性があります。みなさんもたとえ美女やイケメンとつきあえたとしても、趣味や嗜好、考え方、人間観、価値観が一致しなければつきあい続けるのは苦痛になっていくと思いますし、たとえ相手がそれほど美女やイケメンでなくても、これらが一致していれば十分楽しく長くつきあっていけるのではないでしょうか。

ちなみにマースタインは最後のフェイズとしてRを挙げています。このRは、役割（Role）の頭文字を取ったものです。これは結婚するかどうかの意思決定にかかわってくる部分で、お互いの役割をしっかりとりながら、共同生活を送っていけるかという判断が重要になってきます。「一緒にいるのは楽しいけど結婚相手とは考えにくい」という人がいるのは、VとRでは判断基準が異なっているからです。もちろん、Rフェイズでも外見的魅力の重要性は出会い初期のSフェイズに比べれば低いものになります。

Column 04

仕事のできる渋い男か、女性的な美しい男か

「魅力的な男性」とは、どのような男性なのでしょうか。じつは、これは「魅力的な女性」を探るよりもはるかに複雑な問題なのです。というのは、「魅力的な女性」といって想像できる女性に比べて、「魅力的な男性」といって想像する男性のほうが、ずっと多様だからです。

たとえば、ある人は筋肉質で体育会系、ごつい感じの男性が好みだと言いますし、ある人は

2

表2-01　魅力的な男性の類型（佐山・越智，2014）

仕事のできる渋い男	将来出世しそう、物静か、タバコを吸う、離婚歴あり、指が長い
マッチョな身体の明るい男	ノリが良い、命がけの仕事をしている、胸板が厚い、歩幅が大きい
社交的で友達が多いモテ男	初対面の人と楽しく会話ができる、甘え上手、異性の友達が多い、好奇心旺盛
女性的な美しい男	体毛が薄い、顔が小さい、肌がきれい、ミステリアスな雰囲気を持っている
生活力のある家庭的な男	最低限の家事ができる、家族仲が良い、無駄遣いしない、子ども好き
品があるリッチな男	正しい日本語を話す、食べ方がきれい、実家が裕福、従順、高学歴

やせ型で女性的、繊細で線の細い男性が好みだと言います。これはまさに正反対の特徴を持っているわけですから、つかみどころがない感じがしてしまうわけです。

そこで、我々の研究室の佐山さんは、男性の魅力を検討するために、まず、男性の魅力を表すさまざまな形容語を収集する作業を行いました。そして、それらを因子分析という統計的手法を使用して、いくつかにグルーピングしていきました。彼女の研究で得られた魅力的な男性の類型と代表的な特徴は【表2－01】のとおりです。

また、彼女は、ちょっとしたつきあいやデート、一晩限りの関係のような短期間のつきあいをする場合の「男性の魅力」と、恋人としてのつきあい、交際、結婚などのような長期間のつきあいをする場合の「男性の魅力」

は異なるのではないかと考えました。そこで、これらのタイプをそれぞれ短期的なつきあいと長期的なつきあいの相手として見た場合、どの程度魅力的かを評定させました。

すると結果は比較的はっきりと3つのグループに分けることができました。「社交的で友達が多いモテ男」「女性的な美しい男」は短期間のつきあいの相手としては魅力的でしたが、長期間のつきあいの相手としてはいまひとつでした。また、「仕事のできる渋い男」「生活力のある家庭的な男」「品があるリッチな男」はこれとはまったく逆の傾向になりました。「マッチョな身体の明るい男」は、短期間のつきあいと長期間のつきあいに有意な差は見られませんでした。

男性の場合、どうやら外見的な魅力や異性の交友関係の多さが短期的な魅力を決定し、経済力や社会性などが長期的な魅力を決定するようです。

02

それでも、美人やイケメンが好きな人たち

あなたの面食い偏差値はいくつ？

恋愛プロセス全体を考えてみると、外見的魅力は決定的な効果を持たないというお話をしてきました。これは多くの人にとっては「ちょっと一安心」というものですが、とはいえ、世の中にはそれでもやはり、外見的な魅力を極端に重視する人もいるように思われます。いわゆる「面食い」の人たちです。

面食いの議論をする前に、例によって**「面食い尺度」**をやってみて、みなさんの「面食い偏差値」を算出してみましょう。面食い尺度は我々の研究室の角津君たちのグループが作成しています。偏差値の計算のしかたはいままで出てきたものと同じです。詳しくは**【Column 01】**を参照してください。

さて、**【表２－02】**で面食い尺度の合計点の平均値を見てもらうと、まず一つ興味深いことがわかります。それは、面食い傾向には性差があるということです。男性のほうが女性よりも面食い度が高くなっているのがわかります。じつは、心理学や生物学の研究によって、異性選択においては「女性は外見的魅力」で、「男性は経済的魅力」で評価されることが多いということ

心理尺度④　面食い尺度

あなたの恋愛観についておたずねします。「よく当てはまる」から「まったく当てはまらない」までの中から該当するものを選んで回答してください。（7段階）

面食い尺度		よく当てはまる	当てはまる	やや当てはまる	どちらでもない	あまり当てはまらない	当てはまらない	まったく当てはまらない
❶ 異性とつきあうなら顔を重視する	❶	7	6	5	4	3	2	1
❷ 性格より外見を重視する	❷	7	6	5	4	3	2	1
❸ いままで好きになった人はイケメン（美女）である	❸	7	6	5	4	3	2	1
❹ 交際する人はイケメン（美女）でないと嫌だ	❹	7	6	5	4	3	2	1
❺ 異性と交際する際には顔は重視しない	❺	1	2	3	4	5	6	7

面食い尺度の合計＝［　　　　点］

解説

▶表2-02　面食い尺度の合計点の平均値と標準偏差

	男性	女性
面食い尺度	20.96（5.78）	17.86（3.60）

（カッコ内は標準偏差）

（注）尺度❺のように得点が逆になっている項目を「逆転項目」といいます。心理尺度の作成においては、多様な表現で項目を作成するために逆転項目が使用されることがあります。

技術的な解説➡ p.259

が指摘されています。この結果はこれらの現象をしっかり表している結果だといえるでしょう（詳しいことは拙著『美人の正体』をご覧ください）。

セルフモニタリング傾向と面食い傾向の関連

では、どのような人が面食いなのでしょうか。パーソナリティ心理学の分野でいままで開発されてきたさまざまな心理尺度の中で、面食いと関係がありそうな尺度として、セルフモニタリング傾向があります。

セルフモニタリング傾向とは、【表２－03】のような項目からなる尺度で、人間が行動するときに、周りからどのように見られているか、見られるのかを意識して、周囲の状況に適切になるように自分の行動をコントロールする傾向のことです。このような傾向が高い人は状況に依存した行動をしがちですし、低い人は「我が道を行く」という行動をしがちです。

では、なぜこの傾向が高い人が「面食い」である可能性があるのでしょうか。一つの理由は彼らが、周りからの視線を常に意識しがちだからです。つまり、交際をするときに「この人とつきあっている私」は他の人からはどのように見られるのだろうか、ということを意識することが多いということです。一般には美人やイケメンとつきあっているほうが外からは「良く」見られると思われます（このような現象をハロー効果といいます）。そのために、彼らは交際する相手のルックスを気にするわけです。

表2-03 セルフモニタリング傾向尺度の項目の例
（岩淵，1996／諸井，2008）

①本当は楽しくなくても、楽しそうにふるまうことがよくある。
②あまり詳しく知らないことでも、とりあえず話をすることができる。
③もし必要であると思えば、相手の目を見ながらまじめな顔をして、嘘をつくことができる。

一方、「我が道を行く」人にとっては、相手がどのようなルックスであろうとも、自分にとって快適であればそれで十分なので、相手のルックスにはそれほど気をつかわないだろうというわけです。

セルフモニタリング傾向の高い男性は美人とデートしたがる

では、本当にセルフモニタリング傾向の高い人は、面食いなのでしょうか。これを直接検討した研究が、スナイダーら（1985）によって行われています。彼らは、デート相手として「外見は良いが性格は悪い」人と「外見は悪いが性格は良い」人のどちらを選択するのかと、セルフモニタリング傾向の関係について研究しました。

この実験では、ミネソタ大学の32人の大学生が被験者になりました。彼らのうち16人はセルフモニタリング傾向が非常に高い人、残りの16人はセルフモニタリング傾向が非常に低い人でした。彼らには、「これから実験に協力してもらいますが、この実験には、学部生の女子生徒と地域のバー・レストランでデートしてもらう

表2-04　セルフモニタリング傾向とデート相手選択実験の結果
(Snyder et al., 1985)

	セルフモニタリング傾向	
	低い	高い
ジェニファー（魅力的だが性格が悪い）	19%	69%
クリステン（魅力はないが性格が良い）	81%	31%

ことが必要です」と伝えます。そして彼らにはデート相手の候補二人の写真や性格プロフィールが記載されたファイルが渡されます。彼らは、そのファイルを見て、どちらとデートしたいかを選びます。

渡される二人のファイルの一人目は「クリステン」で、彼女は見た目は正直あまり良くない（事前調査で「魅力的でない＝1」から「魅力的である＝7」までの7段階で魅力を評定させたところ1・85点）のですが、性格はめっぽう良い。社交的で他人とうまくやっていくことができ、情緒は安定していてユーモアのセンスもある人物です。

もう一人は「ジェニファー」です。ジェニファーは美人です（事前評価で5・75点）が、性格はあまり良くありません。社交性は低く、自分勝手で情緒的にもあまり安定していません。

実験の結果、セルフモニタリング傾向の高い人のうち69%がジェニファーを選択したのに対して、セルフモニタリング傾向の低い人は81％がクリステンを選択しました（ちなみにこの実験では選択した時点で実験は終わりで、実際にはデートを行いません。残念でした）【表２－04】。

日本人もセルフモニタリング傾向が高いと面食い度が高いのか

このスナイダーらの実験の結果はかなり興味深いものですので、わが国でも同様の現象が発生するのかどうか試してみることにしました。実験したのは、我々の研究室の角津君です。

彼は、大学生１００人に対して、セルフモニタリング尺度を実施した後で「これから、ある異性と学内を20分間一緒に歩いてもらいます。二人のうち、どちらと歩きたいですか」と言って、２枚の写真とそれぞれの自己紹介文を見せて選択してもらいました。

この二人は予備実験によって、一人は「非常に魅力的である」と判断されたイケメンあるいは美女で、もう一人は、平均程度のルックスの人でした。ただし、イケメン（美女）には「性格の良くない自己紹介文」が、平均程度のルックスの人には「性格の良い自己紹介文」が添付されていました。この自己紹介文は【表２－05】に示しました。つまり、性格の悪いイケメン（美女）か、性格の良いフツメン（フツ女）のどちらと学内でデートしたいかを選択させるわけです。

この実験の結果、半分をやや超えた人が、イケメン（美女）のほうを選択しました。さて、セルフモニタリング傾向を見てみると、女性の場合には、予想どおりイケメンを選択した人の

2

表2-05　学内デート実験で用いられた人物のプロフィール
（角津, 2014）

性格が良くないイケメンのプロフィール	私は、20歳の大学生です。佐藤平次といいます。将来はまだ何も考えてないです。いまを生きるタイプです。でも、最近バイト先でけんかして気まずいからバイト無断欠勤しちゃいました。大学も勉強面白くないし、友達とは考えが合わないです。そんな感じですが今日はよろしくお願いします。
性格が良いフツメンのプロフィール	私は、20歳の大学生です。鈴木真一といいます。現在は大学で将来に向けて一生懸命勉強しています。将来は人を助ける職業に就きたいです。大学の友人やバイト先の方たちにも恵まれて毎日充実した生活を送っています。これからもいま以上に頑張っていきたいです。今日はよろしくお願いします。
性格が良くない美女のプロフィール	私は、20歳の大学生です。鈴木葵です。最近、いつも仲良くしてた友達とけんかして口を聞いてくれません。その日は機嫌が悪かったのに、細かいことぐちゃぐちゃ言われたから逆ギレしちゃったんです。最近、電車でもおばあさんに静かにしなさいって言われたりついてないんです。良い機会にしたいです。今日はよろしくお願いします。
性格が良いフツ女のプロフィール	私は、20歳の大学生です。佐藤優那です。最近、良いことがありました。あまり話したことがなかったクラスメートが足をけがしていたので、荷物を学校まで運ぶのを手伝いました。そのことですごく感謝されて、仲良くなることができました。少しの気配りで感謝されたり友達が増えたりするっていいですよね。今日はよろしくお願いします。

図2-01 男女別に集計した面食い行動とセルフモニタリング傾向の関連（角津，2014）

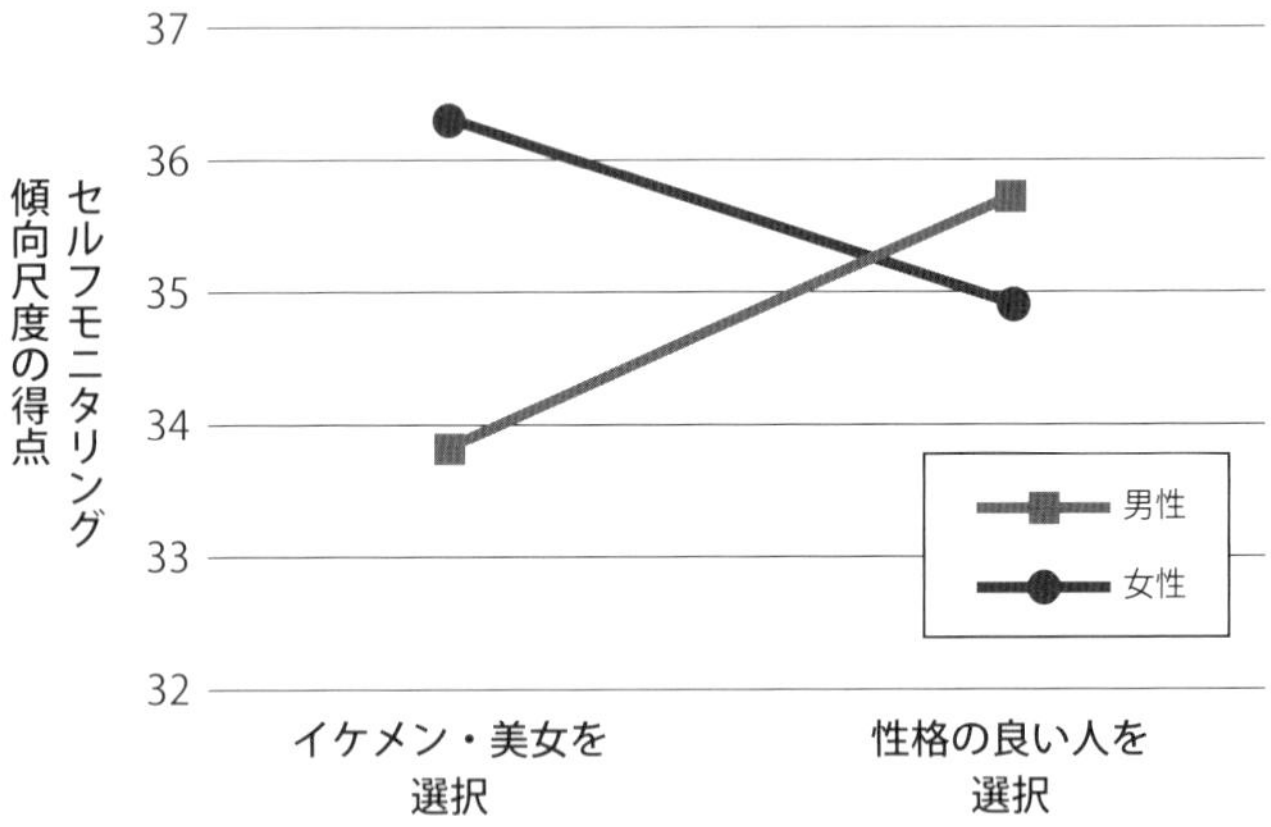

ほうがセルフモニタリング傾向の得点が高かったのですが、この傾向は男性では現れませんでした【図2－01】。セルフモニタリングと面食いの関係は、男性よりも女性のほうが密接なのかもしれません。

03

モテるためにはどんなメイクがいいのか

メイクで女性は魅力的になれる

さて、面食いやひとめぼれなどと外見の話が続いていますが、外見といっても、とくに妙齢の女性はすっぴん（ノーメイク）であることはそれほど多くないと思います。とすると重要になってくるのは、メイクということになりますが、次にメイクと魅力の関係についての研究を見ていきましょう。まずは、本当にメイクは魅力を増す効果があるのかという研究です。

キャッシュら（1989）は、18歳から27歳のアメリカの女子大学生37人を対象にして、実験を行いました。彼女らに実験室に来てもらったらまず、化粧を完全に落として、すっぴんになってもらい、そこで正面顔と全身の写真を撮影します。その後、自分で普段使用している化粧品を使用してメイクしてもらい、同様に写真を撮影しました。

このすっぴんとメイク後の顔写真の魅力度について、8人の男性と8人の女性の評定者に、9段階評定で採点させました。また自分自身でも同様に評定を行わせました。評定の結果は【表2-06（a）】のとおりです。これも当たり前といえば、当たり前の結果なのですが、メイクをすることによって魅力度が向上していることがわかります。ただし、女性の評定者の場合には、

表2-06(a) すっぴんとメイク後の顔の魅力度評定（9段階）
(Cash et al., 1989)

	すっぴん	メイク
自己評定	4.4（1.9）	5.9（1.5）
男性評定者	5.0（0.9）	5.5（0.9）
女性評定者	5.5（0.9）	5.3（1.5）

（カッコ内は標準偏差）

表2-06(b) すっぴんとメイク後の自己満足度評定（9段階）
(Cash et al., 1989)

	すっぴん	メイク
顔	3.6（1.3）	4.2（1.1）
身体	3.5（1.3）	3.5（1.2）
総合的	3.5（1.1）	4.2（1.0）

（カッコ内は標準偏差）

メイクした場合とすっぴんで差は生じませんでした。

また、キャッシュらの研究では、メイクアップは、他人から見た魅力度を向上させるだけでなく、自分自身の顔や身体の満足度も向上させることを明らかにしています【表2-06（b）】。化粧をすることによってより自信を持つようになるわけです。このような態度の変化がより彼女らを魅力的にしている可能性もあります。

メイクをすると男性に声をかけられやすくなる

ゲーゲン（2008）は、より現実的なシチュエーションでもメイクが魅力増進効果を持っている

表2-07　メイクの有無とナンパの関係についての実験結果
(Guéguen, 2008)

	声をかけてきた男性（人）	最初に声をかけてくるまでの時間（分）
メイク	2.07（0.74）	17.09（9.03）
すっぴん	1.57（0.68）	23.08（9.05）

（カッコ内は標準偏差）

ことを明らかにしようと考えました。彼は、20歳と21歳の女性の協力者を使って実験を行いました。彼女らは、メイク条件（この条件ではプロの美容師が彼女らにメイクを施していいます）とすっぴん条件（この条件ではやはりプロの美容師が彼女らのメイクを落とし、モイスチャライズ「肌を潤わせる」だけ行ってあとはすっぴんです）のどちらかの条件で、フランスの海岸地方のバーに出没しました。

彼女らは、水曜か土曜の夜にバーで約1時間を一人で過ごしました。そばには記録係の学生を配置し、彼女らが何人の男性から声をかけられたか、また、入店からどのくらいの時間で声をかけられたかなどを記録しました。この実験の結果は【表2－07】のようになりました。もちろん、メイク条件のほうが早く男性が声をかけ、声をかけてきた男性の総数も多くなりました。

ウェイトレスがメイクをするとチップが上がる

バーの実験を行ったゲーゲンは、この種のフィールドで

表2-08 メイクの有無とチップをもらった率、金額の関係
(Jacob et al., 2010)

	男性の客		女性の客	
	メイクあり	メイクなし	メイクあり	メイクなし
チップをもらった率	51.2%	34.4%	34.0%	21.6%
金額	1.49€ (0.67)	1.11€ (0.46)	1.10€ (0.42)	1.09€ (0.49)

(カッコ内は標準偏差)

の実験を得意とする心理学者です。彼のグループは、ウェイトレスのメイクともらえるチップの関係についての実験も行っています。

彼らは、19歳と20歳の2人のウェイトレスに協力してもらって、4週間にわたって実験を行いました。ランチタイムに彼女らのうちどちらか一人がメイクありで、別の一人がメイクなしで勤務し、一人で来て、ボックス席に座った客からもらったチップの額を集計しました。

実験結果は【表2-08】のようになりました。男性の客でも女性の客でもメイクあり条件のウェイトレスに対してチップを渡す傾向があり、また、その金額もメイクあり条件のほうが高いことがわかりました。

ナチュラルメイクとばっちりメイクはどちらが魅力的か

さて、ではこの問題をもう少し詳しく見てみましょう。メイクといってもOLがしているような隙のないばっちりメイクと、どちらかといえばすっぴんに近いようなナチュラルメイクがありますが、どちらが対人魅力を向上させるのでしょうか。

この問題を初めに検討したのは、南イリノイ大学のワークマンとジョンソン（1991）です。彼女らは、もともとすっぴんの状態でも平均以上の魅力度を持っているプロの女性モデルに協力してもらって実験を行いました。彼女のすっぴんの写真、ナチュラルメイクの写真、そして、ばっちり（ヘビー）メイクの写真を撮影しました。そして、これらの写真について、85人の女子大学生がその魅力度を7段階で評定しました。

その結果、すっぴんは4・5点、ナチュラルメイクは5・4点、ばっちりメイクは5・7点となりました。ただし、ナチュラルメイクとばっちりメイクの得点の間には統計的な有意差は検出されませんでした。

また、この研究では、メイクの違いが印象形成の違いに影響をもたらすかどうかについても評定が行われていました。その結果、性格や気質に関する評定項目についてはメイクによって変化はありませんでしたが、道徳性（morality）の評定値だけが、メイクをすることによって低下することがわかりました。つまり、メイクは魅力度を向上させる代わりに、道徳性についてはよりネガティブな評価を引き起こしてしまう可能性があるわけです。

メイクの濃さと好感度の関係

さらにこの問題について、最近、興味深い研究を行っているのはエトコフら（2011）で

図2-02 メイクの濃さと印象の関係 (Etcoff et al., 2011)

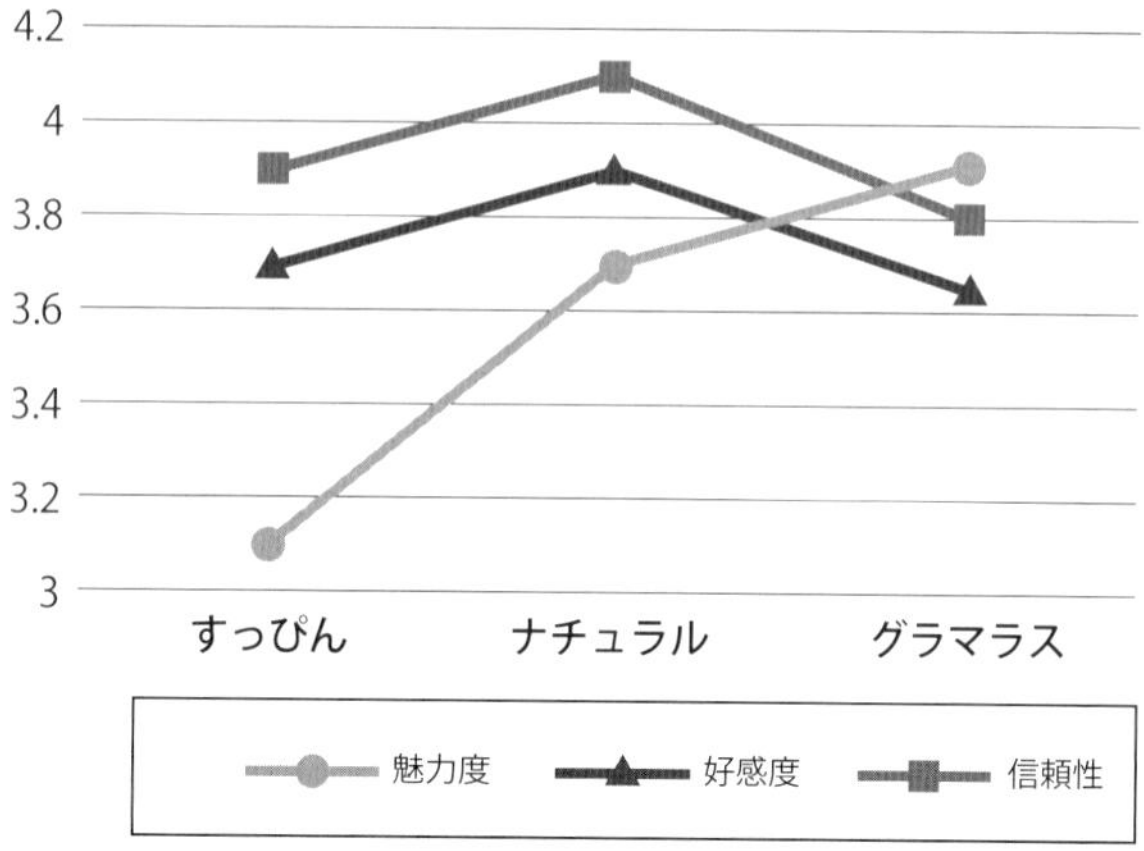

す。彼女らは、20歳~50歳の女性のモデルの顔写真をデジタル加工して、ノーメイク条件、ナチュラルメイク条件、グラマラスメイク条件の3つの条件(この順番で化粧は濃くなると考えてよいでしょう)を作り出し、これらの写真を見て、その印象を評価させるという実験を行ってみました。その結果、確かに、魅力度(attractiveness)は化粧が濃くなるに従って増加しました。ただし、化粧を濃くすると、好感度(likeability)と信頼性(trustworthiness)がわずかながら減少してしまう傾向も見られました【図2-02】。つまり化粧を濃くすると美しくなるが、好感度は若干落としてしまうかもしれないというわけです。

ナチュラルメイク最強説

しかし、ワークマンらやエトコフらの実験は、日本人とは顔立ちがずいぶん違う西洋人がモデルになっていました。日本人にも同様なことがいえるかはわかりません。そこで、我々の研究室の東海林さんも、同様な実験を行ってみました。

この実験では、日本人の10人の女性にナチュラルメイクとばっちりメイク（エトコフのグラマラスメイクに対応）を施し、それに加えて、ノーメイクの顔を呈示し、その印象について7段階で評定してもらいました。評定項目は、「責任感がある」「信頼感がある」「仕事ができそう」などの項目からなる社会的魅力と、「親近感がある」「異性からモテそう」「仲良くなりたい」などの項目からなるプライベート的魅力の2つの尺度でした。また、顔写真については、時間制限なく判断の時間中ずっと見ていられる条件と、2秒だけ呈示する条件を作りました。

この実験の結果、以下のようなことがわかりました。

まず、ばっちりメイクよりもナチュラルメイクのほうが、社会的魅力、プライベート的魅力ともに高く評価されました。評価がもっとも低かったのは、ノーメイクの状態でした。つまり、メイクはしないよりもしたほうがいいが、あまりばっちりしないほうがいいという結論でしょうか【図2-03（a）】。日本の多くの人気女優がどちらかといえばナチュラルメイクなのは、このためかもしれません。

図2-03(a) メイクが各種の魅力に及ぼす効果（東海林, 2015）

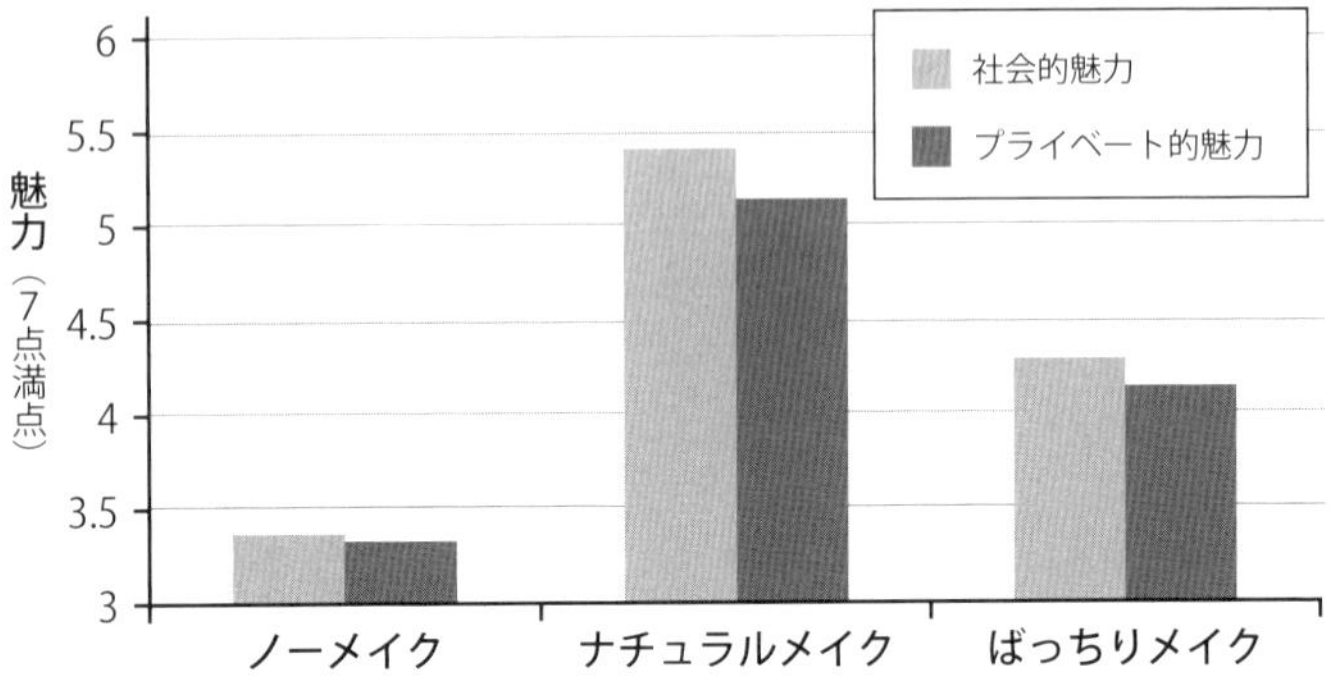

また、興味深いのは、呈示時間の要因をからめて分析した場合です。この結果を【図2-03（b）】【図2-03（c）】に示してみました。呈示時間が短い場合には、ナチュラルメイクもばっちりメイクもそれほど大きな差はありませんでしたが、呈示時間が長くなると、ナチュラルメイクの場合は魅力度が向上し、ばっちりメイクの場合は魅力度が減少しました。これは、社会的魅力でもプライベート的魅力でも同様の傾向を示しました。一方、ノーメイクは呈示時間の効果はあまりはっきりしませんでした。

おそらく、メイクが濃い場合には素顔が隠されているため、その相手の本来の健康状態や魅力度が隠されてしまい、見れば見るほど魅力を「割り引いて」感じるようになるのだと考えられます。ただし、濃いメイクがすべてのシチュエーションでだめなのかというと、必ずしもそんなことはな

図2-03(b) 社会的魅力の呈示時間による変化（東海林，2015）

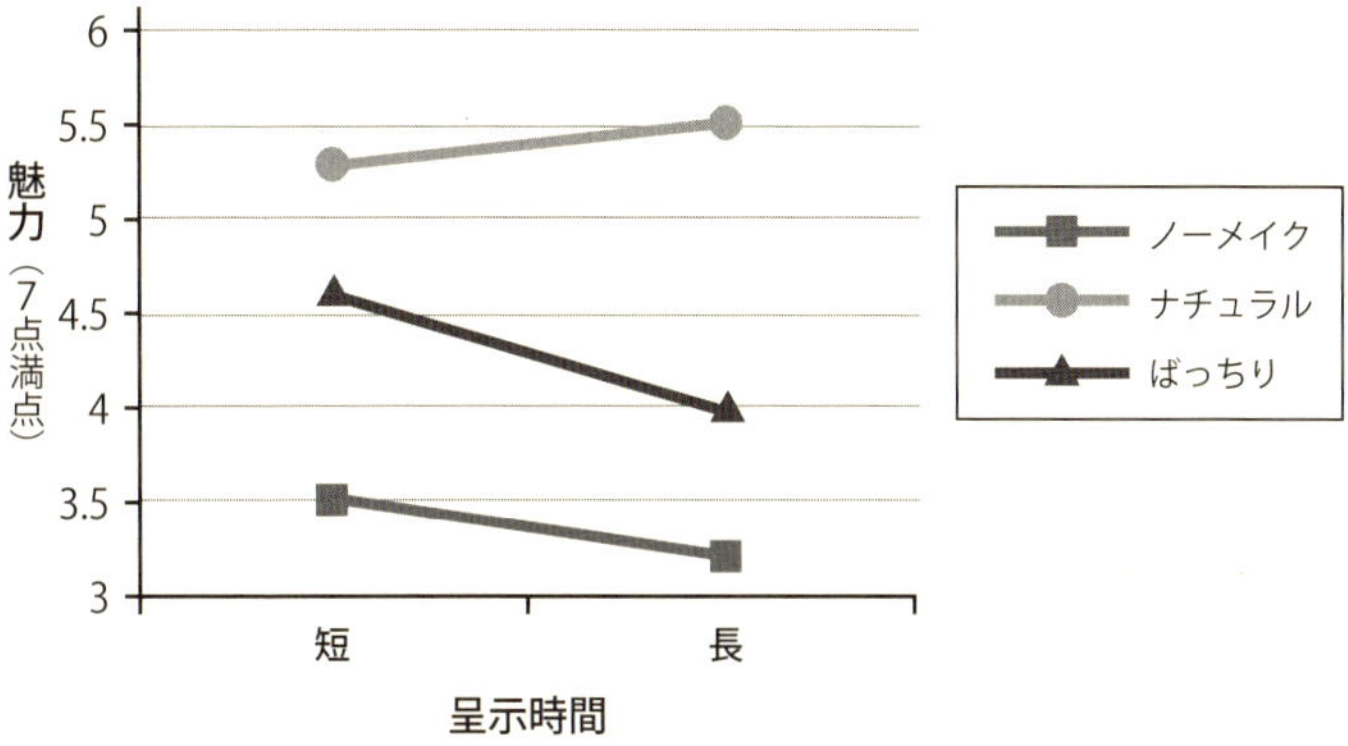

図2-03(c) プライベート的魅力の呈示時間による変化
（東海林，2015）

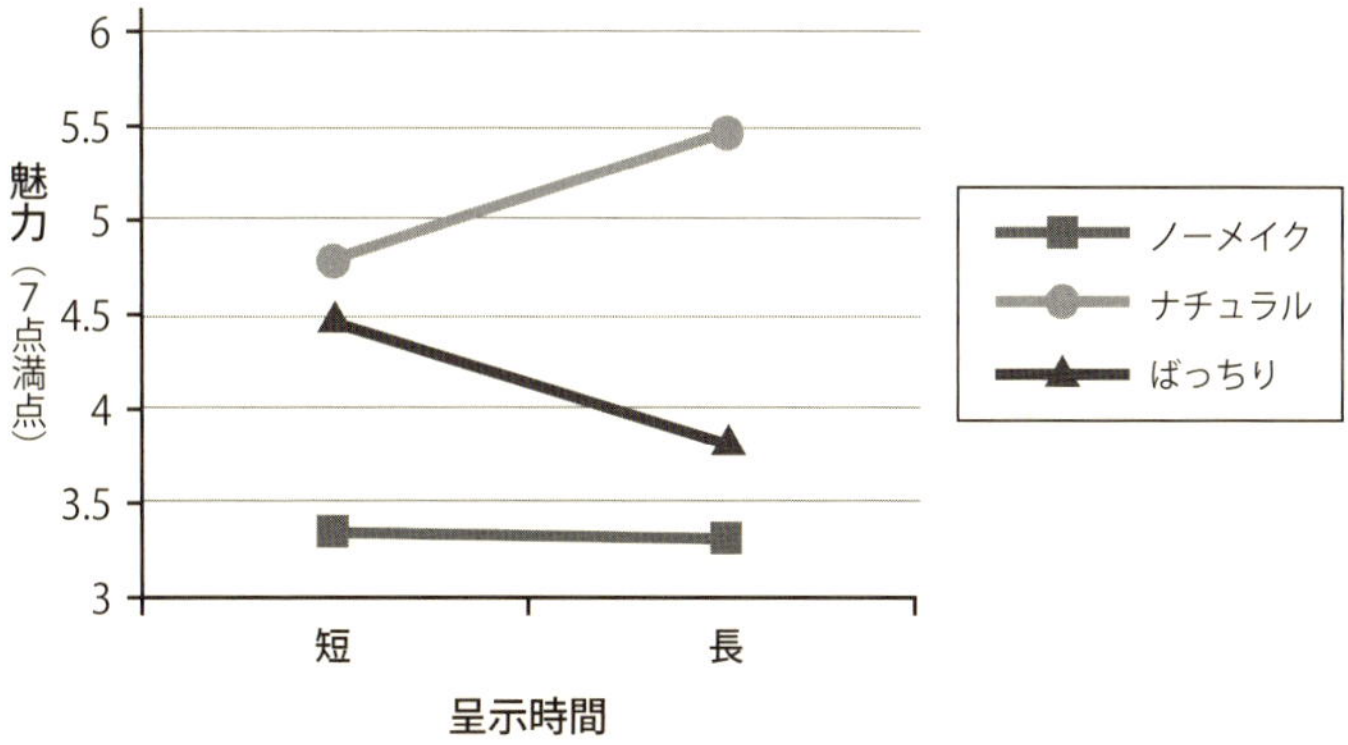

いと思います。たとえば、遠くから見られる場合や、夜間や暗い場所で見られる場合、短時間見られる場合などは、ナチュラルメイクだと顔の輪郭や表情がはっきりしないために評価が低下してしまうかもしれません。とすると、このような場合にはばっちりメイクのほうが魅力度を向上させ、日中長時間かかわる場合などにはナチュラルメイクのほうが印象が良くなるということになります。また、夜のお仕事の女性のメイクが濃いことが多い理由もよくわかります。

04
赤い服を着ると女性はより魅力的になるか

女性を美しくするロマンティックレッド

さて、メイクと並んで外見的魅力を調整する重要なツールとしてファッションがあります。どのようなファッションが魅力を向上させるのかについては、多くの人が悩む非常に難しい問題です。もちろん人それぞれ、またＴＰＯに合ったファッションや着こなしというものがあり、その専門家もたくさんいますので、心理学者があれこれ口を出すような領域ではなくなっているのも事実です。

ところが最近、心理学的に少し興味深い現象が一つ発見されました。それは「ロマンティックレッド」といわれている現象で、女性が赤い服を着ると男性から魅力的に見えるようになるという現象です。

２００８年、社会心理学業界では一番格調の高い専門雑誌である「パーソナリティと社会心理学雑誌（Journal of Personality and Social Psychology）」に、ロチェスター大学のエリオットとニエスタの書いた「ロマンティックレッド：赤は男性から見た女性の魅力を増強させる」という論文が発表されました。この論文で報告されている実験はきわめて単純です。中程度の

図2-04(a) ロマンティックレッドの第1実験結果
(Eliot & Niesta, 2008)

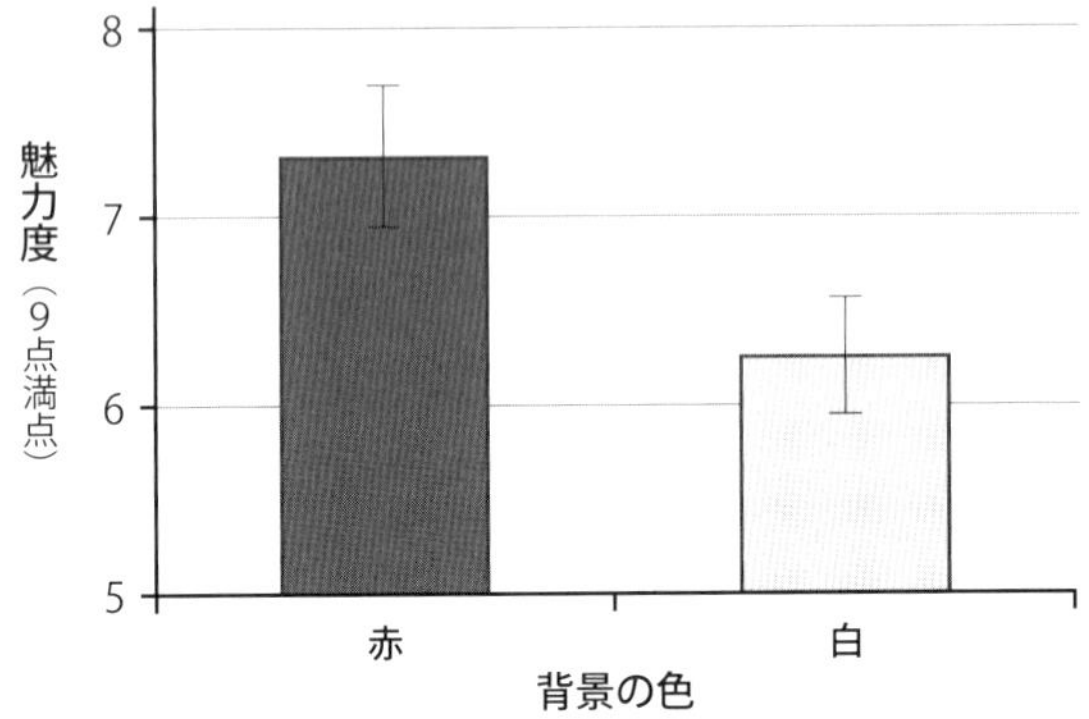

魅力度の女性の写真を見せて、実験参加者にその「魅力度」を9段階で評定させるというものです。

第1実験では、まさにただこれだけの実験が行われました。半数の実験参加者には女性の上半身の写真が赤い背景とともに呈示されました。残りの実験参加者には同じ女性の写真が白い背景とともに呈示されました。実験結果は【図2-04(a)】のようになりました。この差はもちろん統計的にも有意な数字でした。また、その論文では、白の代わりにグレーや緑、青を使った場合でも同様で、やはり赤がもっとも魅力を高めるということがわかりました。

なぜ赤が女性の魅力を高めるのか

では、この効果はなぜ生じるのでしょうか。
エリオットらが示した可能性はこのようなもの

2

図2-04(b)　ロマンティックレッドの第2実験結果
(Eliot & Niesta, 2008)

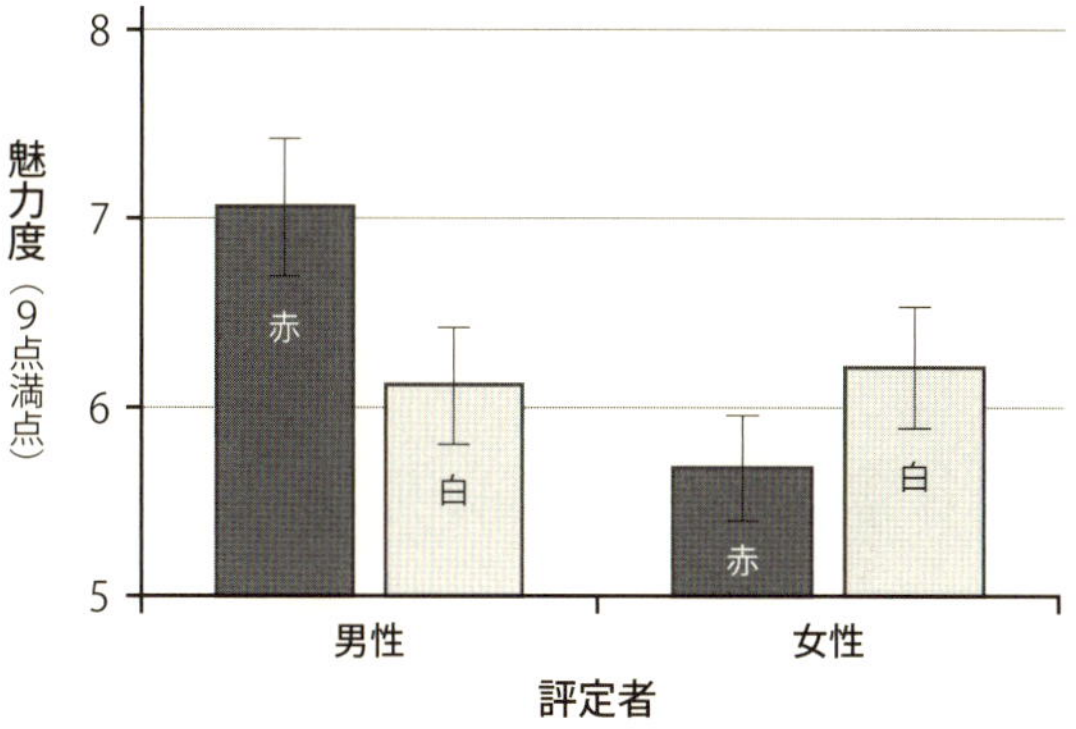

です。動物のメスの中には繁殖期になると体の一部を赤くしてオスを誘うという行動が見られることがあります。つまり、赤色というのは進化的な文脈から見て、性的な行動を引き起こす一つのシグナルになっているのではないかというのです。人間の男性にもこのような行動の名残があり、そのために女性が赤い刺激とともに呈示されると、性的な情報が活性化されてしまい、魅力的に見えてしまうというのです。

実際、赤を背景にした女性は、「魅力度」だけでなく男性から見た「性的魅力度」や「この人と性的な行動をしてみたいか」の評定値も白の場合に比べて高くなることから、エリオットは、「赤＝性的イメージの覚醒によって魅力度を向上させる」仮説の正しさを主張しています。

もし、このようなメカニズムが正しいのであれば、この効果は男性が女性を見た場合にのみ観察され、女性が女性を見た場合には生じないことが予想されます。これを確認したのが、第2実験です。この実験では、第1実験と同様な条件で女性の写真が呈示され、それについて、男性と女性の実験参加者が魅力度を評定しました。実験結果は【図2−04（b）】のようになりました。男性の場合、第1実験と同様に背景が赤の場合、女性の魅力度は高く評定されましたが、女性が女性を評定する場合にはこのような効果は現れませんでした。

男性は赤い服を着ている女性と親密になりたくなる

しかし、ファッションでモテるようになるかという観点から見ると、エリオットらの実験にはまだ不十分なところがあります。一つは、彼らの実験では、女性が赤い服を着ているわけでなく、赤い背景のもとに現れている点です。やはりここは赤い背景でなく、赤い服を着て実験してほしいわけです。また、たとえ魅力的に見えるようになったとしても、実際に男性が積極的になるなど、男性の行動が変化しないとそれほど大きな意味はないかもしれません。そのため、従属変数も男性の評定でなく、実際の行動の変化で測定できればなお実際的な研究ができると思われます。そこで、カイザーらは2010年に次のような新しい研究を報告しています。

この実験では、男性の実験参加者はパソコンを通じて別室にいる女性と会話することが要求されます。会話に先立って実験者は、相手方の写真を参加者に見せます。この写真の女性が、赤いシャツを着ているか、あるいは緑のシャツを着ているのです。

図2-05(a)　カイザーらの第１実験結果（Kayser et al., 2010）

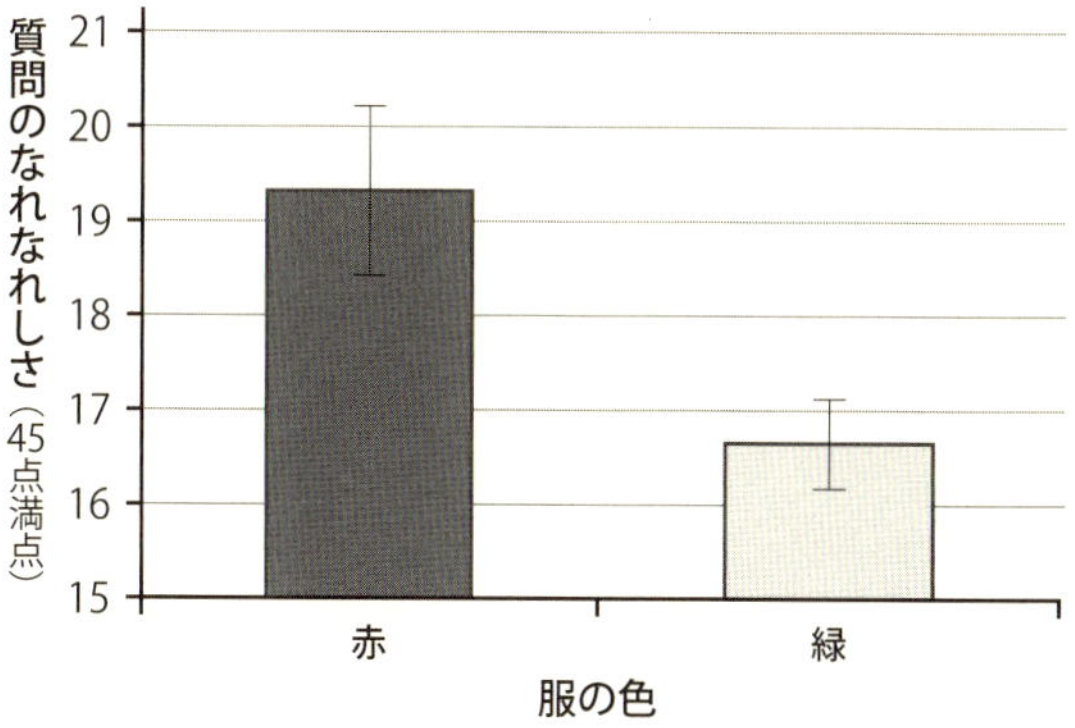

女性自体は中程度の魅力のブロンドヘア、青い目の女性で、着ているのは長袖のTシャツです。女性は笑顔を見せています。シャツの色は写真加工ソフトを使って変えているもので、もとの写真自体は同じものです。実験が開始されると参加者の男性は、あらかじめリストアップされている質問の中から、「彼女に聞きたい5つの質問」をセレクトして、質問するように促されます。

これらの質問は、その親密性の程度によってどのくらいなれなれしい質問なのかが、実験者によりあらかじめ調査されています（9段階）。たとえば、「どこの出身なの？」というのはなれなれしさの低い質問、「いつもどの辺で遊んでいるの？」はなれなれしさが中程度の質問、「どうすれば、バーで君の視線を引きつけられるか教えてくれるかな」はなれなれしさの高い質問です。実験参加者の選択した質問のなれなれしさの度合いがこの実験の従属変数になります。

この実験の結果を**【図2－05（a）】**に示します。女性が緑の服を着ていた場合に比べ、赤い服を着ている場合に、男性はよりなれなれしい質問を彼女にぶつけようとすることがわかりました。つまり、女性が赤い服のとき、男性はその女性により積極的に近づいてくるというわけです。

男性は赤い服を着ている女性により接近したくなる

カイザーらの2つ目の実験では、実験参加者の男性は、実験室に入ってくると実験者から「これから一人の女性と少しの時間会話するという実験に参加してもらいます」と教示されます。そして、相手の写真を5秒間見せられます。半数の実験参加者には、赤いシャツを着た女性の写真が見せられます。残りの実験参加者には青いシャツを着た女性の写真が見せられます。実験参加者は実験者と一緒に実験会場に入っていくと、そこには2つの椅子が離れて置いてあります。実験者はその一方を指さして、「ここに女性の参加者が座ります。あなたはあそこのもう一方の椅子を持ってきて、適当な位置に椅子をセッティングしてください」と言います。じつはこの実験で測定しているのは、この男性が女性の椅子にどのくらい自分の椅子を近づけてセッティングするかということです。そのため、男性が椅子を置くと実験はその段階で終了になります（残念ながら女性に会うことはできません）。

さて、この実験で女性が着ていた服の色と、男性が置いた椅子が女性の椅子からどのくらい

図2-05(b) **カイザーらの第2実験結果** (Kayser et al., 2010)

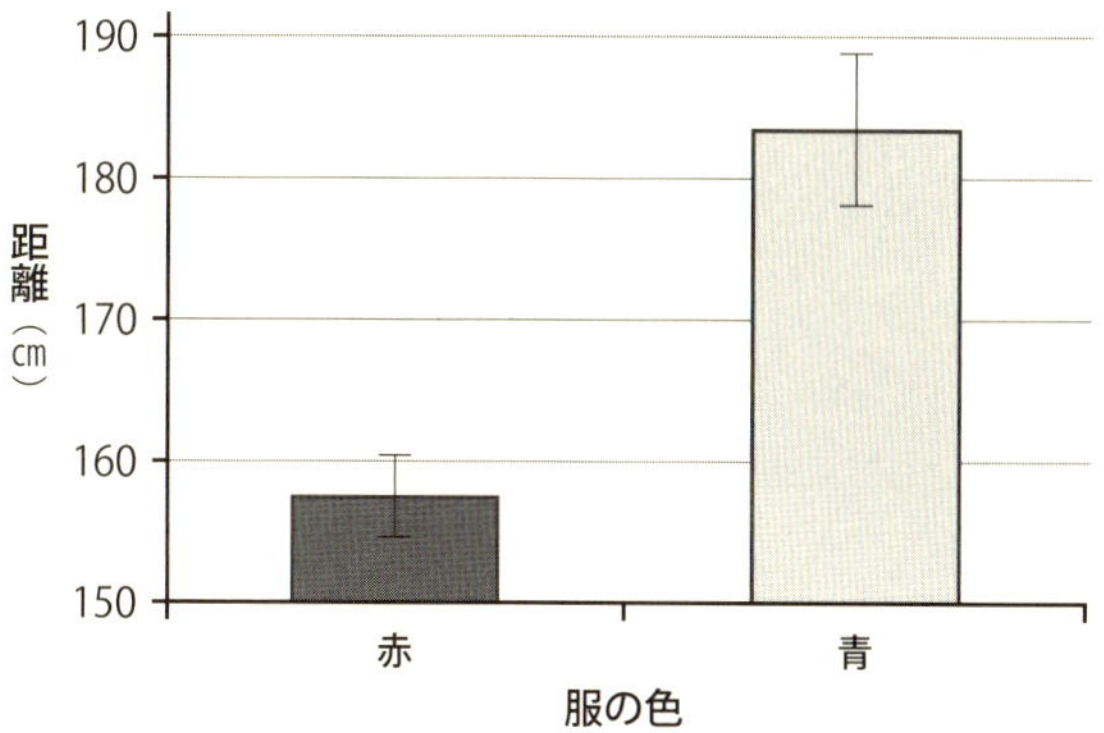

離れていたかを【図2－05（b）】に示してみます。女性が赤い服を着ていた場合のほうが男性は椅子を近くに置く、つまり接近したくなっているという結果が示されています。

赤い口紅をつけると女性はモテるようになる

では、背景や服装でなく、口紅ではどうでしょうか。「赤い」口紅は魅力度を向上させる効果を持っているのでしょうか。この研究を実際に近いシチュエーションで行ったのが、ゲーゲン（2012）です。

彼は、フランスのとある町にある4つのバーに水曜と土曜の夜にサクラを送り込みました。このサクラは、標準的な魅力度の女性（実際には8人の女性が実験に協力してくれました）で、彼女らは、赤かピンク、ブラウンの口紅をつけているか、あるいは口紅をつけていませんでした。彼女らは

表2-09 口紅の色と女性に声をかけてきた男性の数と声をかけてくるまでの時間の関係（Guéguen, 2012）

口紅の色	声をかけてきた男性（人）	最初に声をかけてくるまでの時間（分）
赤	2.03（0.70）	19.78（9.37）
ピンク	1.72（0.70）	23.35（11.91）
ブラウン	1.55（0.69）	24.83（14.81）
口紅なし	1.39（0.69）	27.03（13.18）

（カッコ内は標準偏差）

バーに入ると一人でカウンターに座りました。測定したのは、この女性が入店からどのくらいの時間で男性から声をかけられるかということと、60分間で何人くらいに声をかけられるかということでした。もちろんバーにはほかに実験助手（こちらは男性）もいて、時間や人数を記録していました。

この実験の結果を【表2－09】に示します。予想どおり、赤い口紅をつけている場合に、もっとも多くの男性が声をかけてくることがわかりました。

赤いノートパソコンを持つだけで女性は魅力的になる

さらに、台湾の国立高雄師範大学のリン（2014）は、この効果が、持っているノートパソコンの色でも生じるということを明らかにしています。

彼女は中程度の魅力を持つ女性がノートパソコンを持っている画像を実験参加者に見せて、その魅力度について評定させる実験を行いました。ノートパソコン

表2-10 ノートパソコンの色と魅力度、セックスアピール度の関係 (Lin, 2014)

魅力度（5段階評定）

	赤	黒	シルバー	青
男性評定者	3.50	2.60	2.80	2.55
女性評定者	2.95	3.05	2.70	2.60

セックスアピール度（5段階評定）

	赤	黒	シルバー	青
男性評定者	3.05	2.15	2.35	2.25
女性評定者	2.55	2.65	2.50	2.40

の色は赤、黒、シルバー、青で、写真自体は同じものを使用していますが、画像処理ソフトでパソコンの色だけが変わっています。5段階で女性の魅力度を評定させたところ、男性の実験参加者は、赤いノートパソコンを持った女性だけを高く評価しました。女性の実験参加者では、このような効果は現れませんでした。

リンは、「セックスアピール評定」についても同様の結果が得られることを明らかにしています。ただ、その女性の「自己主張性」や「健康度」の評価についてはすべての色の条件で差は生じませんでした。つまり、魅力やセックスアピールのみで赤いノートパソコンの魅力増進効果が見られるわけです【表2-10】。

Column 05

セクシーに装って男を操ることはできるか

女性は、胸元の広くあいた服や短いスカートなどのセクシーな格好をすることがありますが、このようなセクシーさによって、男性の行動は変わるのでしょうか。たとえば、セクシーな装いでデートをすると、男性はより高価なものをおごってくれるようになるでしょうか。この問題を遅延価値割引という概念を使って研究したのが、バン・デン・バーグら（2008）です。

遅延価値割引とは、このような現象です。「いま○ユーロもらうのと、1か月待って15ユーロ（約2000円）もらうのとはどちらがいいですか」という質問をして、これが五分五分になる値段を測定します。多くの人は、もし同じ金額ならいまもらうほうを選択するでしょうが、もしちょっと待てばより多くのお金をもらえるならば、ちょっと待つことを選択するでしょう。そのため、○ユーロの中は15よりも小さな値になることが考えられます。このような方法で、さまざまな遅延期間ごとの金額を算出して、それをグラフ化したものが遅延価値割引関数といわれるものです。

さて、バン・デン・バーグらはこの実験をする前に、2つの課題のうちの一方を実験参加者に行わせました。一方は風景課題で、これは美しい風景が描かれた広告を15種類見て、その広告の魅力について7段階で評定する課題です。もう一方はセクシー課題で、こちらは女性が下着姿であったり水着姿であったりするセクシー広告を15種類見て、その広告の魅力について評

図2-06　遅延価値割引関数（Van den Bergh et al., 2008）

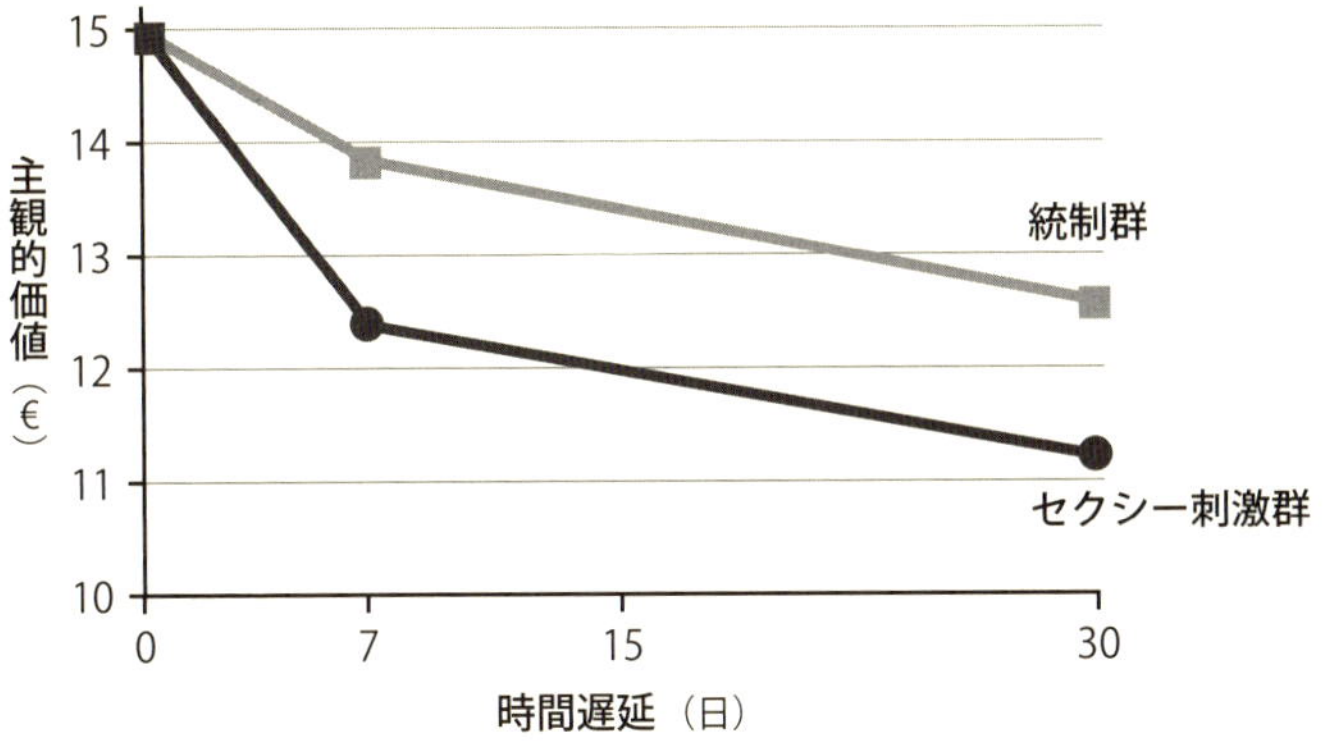

（注）統制群は30日後にもらえる15€＝今日もらえる12.7€
セクシー刺激群は30日後にもらえる15€＝今日もらえる11.2€

定するものでした。その後、それぞれの群でこの7日後に15ユーロと1か月（30日）後に15ユーロもらえる場合の○ユーロの数字を測定して、遅延価値割引関数を描きました。それを【図2-06】に示します。

この実験の結果、風景刺激を見た後とセクシー刺激を見た後では、関数が異なり、セクシー刺激を見た後のほうが価値割引の程度が大きくなっていました。これは、男性は、セクシー刺激を見ることによって、将来のより大きな利益を得るために我慢するより、目の前のより小さな利益に飛びつきやすくなるということを意味します。つまり、将来でなく「いま」、お金を使いやすくなってしまうわけです。これを見るとやはり、女性がセクシーな装いをすることはそれなりの意味があるということになるでしょう。

バン・デン・バーグらの研究はこのように少し回りくどい方法を使って、セクシーさの効果を確認していましたが、アリエリーら（２００６）はもっと直接的な方法で、これを確認しています。

彼らは男性にポルノアニメを見せながらマスターベーションさせ、性欲が高まった状態でさまざまな質問を行いました（性欲群）。その結果、性欲が高まった状態では、男性は女性に対する好みが拡大して、「誰でもよい」状態になってしまうこと（たとえば「60歳の女性とセックスすることを想像できますか」という質問に対して、「非常によく想像できる＝１００」～「まったく想像できない＝０」の１００段階で評定させたところ、統制群では平均7だったのに対して、性欲群では23になりました）、セックスのためなら平気で「愛している」と言えるようになってしまうこと、おしゃれなレストランに誘いやすくなってしまうことなどがわかりました。

まあ、わかっていたことですが、男はセクシー攻撃にものすごく弱いようです。

第３章

恋に落ちる過程の心理学

01

ひとめぼれで運命の人は見つかるか

ひとめぼれ（fall in love at first sight）傾向を測る

前章では、主に外見とモテについての話をしてきましたが、次に、恋に落ちる過程について検討してみましょう。まず、「ひとめぼれ」の話です。

みなさんの周りには「ひとめぼれ」しやすい人はいないでしょうか。どこかで見かけたかっこいい人、美しい人に一瞬で心を奪われてしまったり、人のちょっとしたやさしさなどに触れたときに急激に恋に落ちてしまったりする人です。

では、いったいどういう人が「ひとめぼれ」しやすいのでしょうか。また、「ひとめぼれ」の愛は本当に続くのでしょうか。このような問題を検討していくために、我々の研究室では**「ひとめぼれ傾向尺度」**を作成して、研究を行ってみることにしました。この問題について述べる前に、あなたもとりあえず自分がどのくらい「ひとめぼれ」しやすいのかを、測定してみてください。そして、自分の「ひとめぼれ偏差値」を算出してみましょう。

ひとめぼれには2種類ある

さて、我々の研究では、どうやらひとめぼれには２つの因子（要素）があるということがわかりました。一つは、「外面的ひとめぼれ」です。これは、イケメンの男性やかわいい・美しい女性を見て、性格などの内面に触れていなくてもその人に恋心を抱いてしまうような傾向をさします。「出会ったばかりの相手に胸がいっぱいになることがある」「町を歩いていて素敵な異性がいるとときめくことがある」などによって測定されます。

もう一つは、「内面的ひとめぼれ」です。これは外見というよりも、相手の人となりや行動に触れたときに恋に落ちやすい傾向を示すものです。「異性の優しさに触れた瞬間ときめくことが多い」とか「フィーリングが合うとすぐに好きになってしまう」などの項目によって測定されます。

【図３－01】は、縦軸に外面的ひとめぼれ傾向の偏差値、横軸に内面的ひとめぼれ傾向の偏差値を取っています。あなたの偏差値の値をプロットしてみてください。

偏差値50を境にして、４つのタイプにみなさんを分類することができます。「外面的ひとめぼれタイプ」は、人の外見に敏感で外見で恋に落ちやすいタイプです。「内面的ひとめぼれタイプ」は、相手の性格や行動に敏感で、相手の気持ちに触れたときに恋に落ちやすいタイプですが、外見にはあまり影響されないタイプです。「両面的ひとめぼれタイプ」は、外見でも性

	よく当てはまる	当てはまる	やや当てはまる	どちらでもない	あまり当てはまらない	当てはまらない	まったく当てはまらない
❶	7	6	5	4	3	2	1
❷	7	6	5	4	3	2	1
❸	7	6	5	4	3	2	1
❹	7	6	5	4	3	2	1
❺	7	6	5	4	3	2	1
❻	7	6	5	4	3	2	1
❼	7	6	5	4	3	2	1
❽	7	6	5	4	3	2	1
❾	7	6	5	4	3	2	1

外面的ひとめぼれ傾向の合計＝　　　点

❶	7	6	5	4	3	2	1
❷	7	6	5	4	3	2	1
❸	7	6	5	4	3	2	1
❹	7	6	5	4	3	2	1
❺	7	6	5	4	3	2	1
❻	7	6	5	4	3	2	1
❼	7	6	5	4	3	2	1
❽	7	6	5	4	3	2	1

内面的ひとめぼれ傾向の合計＝　　　点

解説

▶表3-01　ひとめぼれ傾向尺度の平均値と標準偏差

	男性	女性
外面的ひとめぼれ傾向	35.30 (7.69)	36.73 (8.47)
内面的ひとめぼれ傾向	32.35 (10.33)	33.38 (10.99)

（カッコ内は標準偏差）

技術的な解説➡ p.259

心理尺度⑤　ひとめぼれ傾向尺度

あなたの恋愛観についておたずねします。「よく当てはまる」から「まったく当てはまらない」までの中から該当するものを選んで回答してください。（7段階）

外面的ひとめぼれ傾向

❶ 素敵な人を見るとひと目で好きになる
❷ 初対面の人に恋心を抱くことがある
❸ ちょっと見ただけなのに忘れられない人がいる
❹ 見かけただけの人のことを何度も考えることがある
❺ 出会ったばかりの相手に胸がいっぱいになることがある
❻ 相手の外見を見ただけで引きつけられることがある
❼ 自分と相性のいい人はひと目でわかる
❽ 町を歩いていて素敵な異性がいるとときめくことがある
❾ 町を歩いていて素敵な異性がいると目が引きつけられる

内面的ひとめぼれ傾向

❶ 異性の優しさに触れた瞬間ときめくことが多い
❷ 異性の知的な姿を見た瞬間ときめくことが多い
❸ 異性のファッションなどが素敵だったときときめくことがある
❹ 異性が頼りがいがあると思ったときときめくことがある
❺ 異性のふとした表情やしぐさにときめくことが多い
❻ 相手のことを本当に知らないのに好きになってしまうことがある
❼ フィーリングが合うとすぐ好きになってしまう
❽ 自分の持っていないものを持っている人に恋をしてしまう傾向がある

図3-01 ひとめぼれ傾向の4タイプ

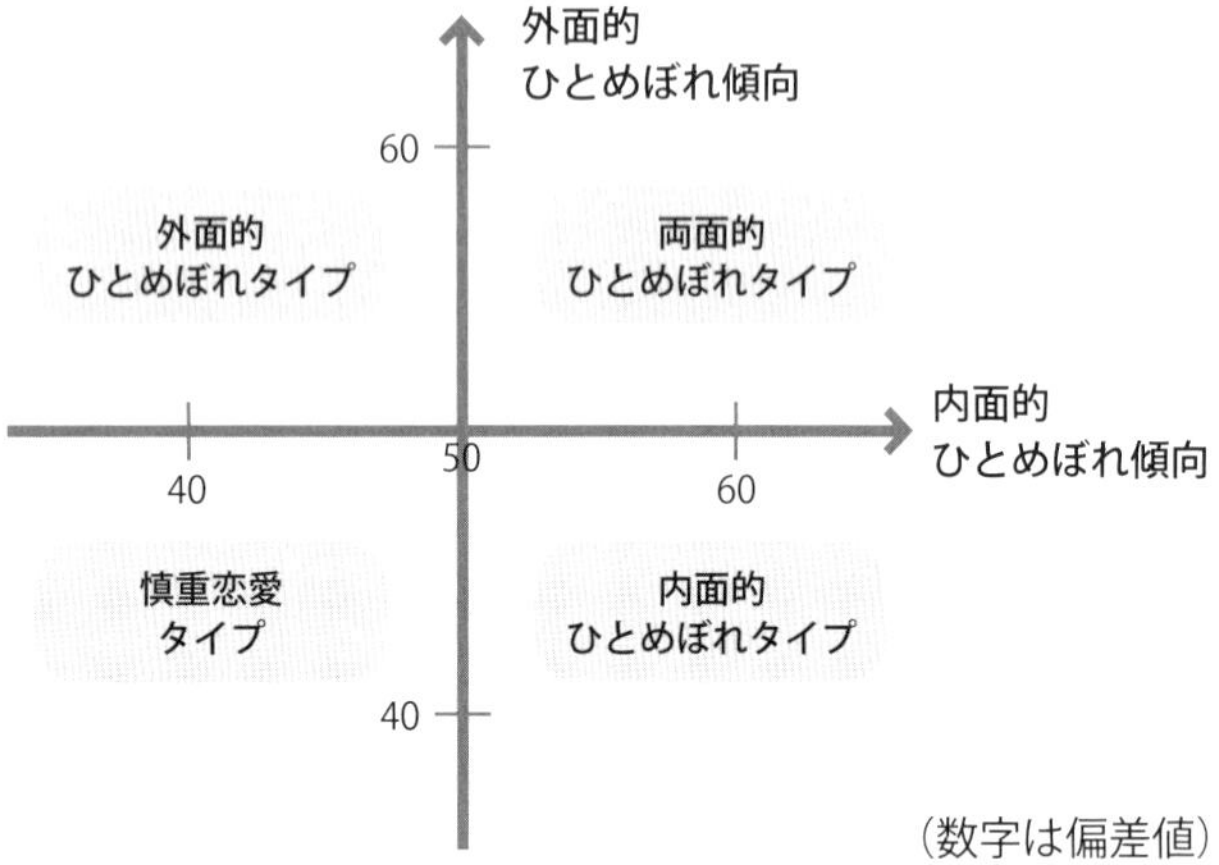

（数字は偏差値）

格でもとにかく、異性の素敵な側面に触れるとすぐに好きになってしまうというタイプです。「慎重恋愛タイプ」は、外見でも内面でもひとめぼれしにくいタイプで、どちらかというと恋に慎重なタイプです。

ただし、外面的ひとめぼれ傾向は、内面的ひとめぼれ傾向と比較的高い相関を持っているので、外面的ひとめぼれ傾向の高い人は一般には内面的ひとめぼれ傾向も高いと考えられます。

女性はひとめぼれしやすいか

ひとめぼれ傾向に男女差はあるのでしょうか。一般には、女性と男性では女性のほうがひとめぼれしやすいように思われているようです。また、心理学の研究では、先ほども述べたように、男性は女性の外見に敏感、女性は男性の属性や内面の情報に敏感といわれていることが多いので、男性は外面的ひとめぼれ傾向が高く、女性は内面的ひとめぼれ傾向が高いと考えられるかもしれません。

実際のデータを見てみると、女性のほうがややひとめぼれ傾向は高いように思われます。しかし、統計的に分析してみると、どちらのひとめぼれ傾向に関しても、男女の間に統計的な有意差は検出されませんでした。つまり、男も女も同じくらいひとめぼれしやすいと考えられるわけです。

ひとめぼれ傾向と恋人のできやすさの関連

では、ひとめぼれ傾向と恋人のできやすさには、関連があるのでしょうか。つまり、ひとめぼれしやすい人としにくい人では、どちらが恋をゲットしやすいのでしょうか。

そこで、やはり大学生（平均年齢約20歳）を対象に調査を行いました（越智・喜入、２０１５）。彼らに「そもそもいままでに交際したことがあるのか（交際経験）」と、「現在交際相手がいるのか」について質問し、同時にこのひとめぼれ傾向尺度を実施しました。それぞれの平均点をもとに平均点以上の人（偏差値50以上）をひとめぼれ傾向高群、平均点より低い得点の人をひとめぼれ傾向低群として、それぞれの交際経験、現在の交際率を集計してみました。

その結果、外面的ひとめぼれ傾向が高い人も内面的ひとめぼれ傾向が高い人も、交際経験がある人が多く、現在も恋人がいる人が多いことがわかりました【表３－02】。やはり、ほれっぽい

表3-02 ひとめぼれ傾向と交際パターンの関係（越智・喜入, 2015）

	交際経験率	現在交際率	交際人数
外面的ひとめぼれ傾向高	78%	36%	1.81
外面的ひとめぼれ傾向低	60%	25%	1.67

	交際経験率	現在交際率	交際人数
内面的ひとめぼれ傾向高	78%	32%	1.92
内面的ひとめぼれ傾向低	60%	29%	1.57

ということは恋を得やすいということかもしれません。

一方で、ひとめぼれしやすいということは、恋愛中であっても他の人を好きになる可能性を持っていることも意味します。とすると、次の恋に移行する期間も短いかもしれません。その結果として「恋多き」人物になっている可能性があります。これも分析してみると確かに、ひとめぼれ傾向が高い人のほうが低い人よりも、よりいままでの交際人数が多いことがわかりました。

「ビビビ婚」はうまくいかないのか

ひとめぼれというのは、一種の「愛の直感」であると考えることができます。では、この愛の直感は、二人がうまくやっていけることをどの程度予測するのでしょうか。

じつは、先に挙げたマースタインのSVR理論から見ると、「愛の直感」はあまり当てにならないということが導かれます。SVR理論では、出会いの段階（Sフェイズ）、関係の進展の段階（Vフェイズ）、結婚への意思決定の段階（Rフェイズ）においてそれぞれ重要になってくる判断基準が異なってくると考えるからです。とすると、出会いの段階での直感からは、関係の進展やましてやその後の結婚可能性などはまったく予想できないことになります。

1980年代に一世を風靡したアイドルの松田聖子さんは1998年5月に、出会ってからわずか2か月しかたっていない6歳年下の歯医者さんと結婚しましたが、このときに「ビビビッと来た」と述べています。つまり、愛の直感があったというのです。この「ビビビ」というのは当時の流行語になりました。

しかし、この結婚はわずか2年で破局してしまいます。やはり「ビビビ婚」はうまくいかなかったわけです。では、本当に「愛の直感」は当てにならないのでしょうか。

愛の直感はあてにならないのか

この問題を研究したものとして、ヒルら（1976）の研究があります。彼らは、ボストン大学の大学生カップルを対象として、恋人たちの追跡調査を行いました。当初対象とした200件以上のカップルは、2年間の追跡調査の過程で約半数が別れてしまいました。そこで、彼らは、調査の最初のデータで、2年後に別れているカップルと別れていないカップルに違いがあるかどうかを調査したのです。

その結果を【表3－03】に示します。もしSVR理論が予測するように、「愛の直感」がまったく当てにならないものだとすると、交際当初の感情や評定値はその後二人が別れるかどうかをあまり予測しないはずです。

ところが、実際には、二人の「親密性」評定値や愛情評定値、結婚可能性の推定、「恋に落ちている」と答えたかどうか、などが2年後の関係の存続と関係しており、評定値が高いほどカップルが別れずにいるということがわかりました。つまり、交際当初の「ビビビ」は、それなりに二人の将来を予測できているということになります。このように、ごく初期の交互作用が、のちのちまで大きな影響を及ぼすという現象のことを関係性の初期分化現象と呼びます。

ちなみにこれらに対して、相手と毎日会っているかとか、性的な関係があるかということは2年後のカップルの存続と関係がありませんでした。これらのことがあっても安心することはできないわけです。

ひとめぼれカップルは長期的にはうまくいかないのか

ヒルらの研究では、愛の直感と交際の持続について検討がなされましたが、もっと長いスパンではどうでしょうか。たとえば、ひとめぼれで結婚した夫婦は、友達から始めて長いつきあいのうえで次第に好きになっていった夫婦に比べて、離婚しやすいなどの現象は観測されるで

表３-03　２年後の存続、崩壊カップルごとに見た当初の関係評定値（Hill et al., 1976）

	女性の報告		男性の報告	
	存続	崩壊	存続	崩壊
親密さ（９段階）	7.9	7.3 **	8.0	7.2 **
結婚の可能性（%）	65.4	46.4 **	63.1	42.7 **
愛情得点（100 点満点）	81.2	70.2 **	77.8	71.5 *
「恋に落ちている」か	80.0	55.3 **	81.2	58.0 **
排他的なデートをしているか	92.3	68.0 **	92.2	77.5 **
毎日会っているか	67.5	52.0 *n.s.*	60.7	53.4 *n.s.*
性的な関係があるか	79.6	78.6 *n.s.*	80.6	78.6 *n.s.*

（** $p < .01$；* $p < .05$；*n.s.*　統計的差なし）

しょうか。

　これを研究したのがバレルズ夫妻（２００７）です。夫妻はまず、ドイツの電話帳からランダムに選択した人に連絡を取り、研究に参加を承諾してくれた１３７組の夫婦または同棲中のカップルを集めました。カップルの平均年齢は５１・６歳で、その範囲は23歳から87歳に及んでいました。

　次に、彼らが結婚（同棲）に至った経緯について質問し、「初めは友達で、長い交際期間を経てカップルになった」「お互い知り合ってからほどほどの交際期間を経てカップルになった」「ひとめぼれでカップルになった」という３つの群に分類しました。もし、ひとめぼれカップルが、ほかのカップルに比べてうまくいかないのであれば、ひとめぼれカップルの割合は比較的少なくなるはずです。

表3-04(a) ひとめぼれカップルと初めは友達カップルの違い
(Barelds & Barelds, 2007)

	初めは友達カップル	ほどほど交際カップル	ひとめぼれカップル
比率	22.6%	34.3%	43.1%
交際期間(年)	25.6（15.0）	24.8（14.5）	25.6（14.9）
子どもの数	2.1（1.2）	2.1（1.3）	2.2（1.2）

（カッコ内は標準偏差）

ところが実際には、対象となったカップルのうち、初めは友達カップル２２・６％、ほどほどの交際期間カップル３４・３％、ひとめぼれカップル４３・１％で、驚くべきことにひとめぼれカップルの割合が一番多くなりました。また、平均結婚・交際期間と子どもの数も、さらに、リーのラブスタイル尺度やスタンバーグの尺度で作成した愛の深さもほとんど変わりませんでした（ただし、エロスは「ひとめぼれカップル」が、ストルゲは「初めは友達カップル」が高い値となっていますが、これは定義上そうなるのが当たり前です）【表３－04（a）】。

これはひとめぼれカップルが、他の出会い形態に比べてとくに別れやすいとか短いつきあいで終わってしまう、愛がすぐに燃え尽きてしまうわけではないということを示しています。

また、興味深いのは、初めは友達カップルに比べ、ひとめぼれカップルは、性格的に似ていない点が多いということです。

表3-04(b)　ひとめぼれカップルと初めは友達カップルの性格得点の差 (Barelds & Barelds, 2007)

	初めは友達カップル	ほどほど交際カップル	ひとめぼれカップル	有意差
外向性	8.8a	10.9b	12.6b	*
神経質	9.9a	10.7a	14.1b	**
自律性	7.1a	9.4b	10.1b	**
誠実性	8.9	11.0	10.4	*n.s.*
同調性	9.2	9.4	8.9	*n.s.*

（アルファベットが異なる群の間に統計的な差が認められた）
（**　$p < .01$；*　$p < .05$；*n.s.*　統計的差なし）

カップルのそれぞれに5因子性格検査をやってもらい、その得点の違いを集計したところ、【表3-04(b)】のようになりました。つまり、性格を表す5つの軸のうちの3つで、ひとめぼれ群はほかのグループと異なっていたのです。

いままで恋愛の心理学研究においては、性格の類似性はお互いの魅力度を高めると考えられてきました。また、SVR理論からいっても、もっとも恋愛らしい進展が行われるVの段階では、お互いの性格が似ていて共感し合えることが関係を進展させるというのは比較的考えやすい現象です。ところが、ひとめぼれカップルはそれを超越し、性格の類似性が高くなくても、引きつけ合ってしまう可能性があるわけです。

Column 06

心理尺度とはどういうものなのですか?

本書では、さまざまな心理尺度を紹介しています。これをやってみてみなさんが最初に思うであろうことは、「なぜ、同じような質問を何度もするのか?」ということです。「あなたはひとめぼれしやすいですか?」「Yes・No」でいいじゃないかと思ってしまうのではないでしょうか。

じつは、それでも悪いことはないのですが、このような質問だとイエスと答える人とノーと答える人の2通りしかありませんので、「ひとめぼれ傾向」の細かい違いなどはあまりわかりません。同じ「ひとめぼれ傾向」を7段階で聞く質問を10問行えば、70段階で人の「ひとめぼれ傾向」を測定することができます。また、細かく測定できればできるほど、「ひとめぼれ傾向に男女差はあるか」や「ひとめぼれ傾向は性格と関係しているのか」などの問題を研究しやすくなります。そのために類似した質問を何問も行うわけです。

もちろん、完全に同じ質問だと、すべての質問で答えが同じになるので冗長ですし、まったく違った質問だと、同じ「ひとめぼれ傾向」を測っていないことになってしまいます。このあたり、どの程度の類似性の質問を組み合わせて心理尺度を作るのかは、測定する人の腕の見せどころになります。心理学科では、このような尺度の作り方の実習を行っていて、このような実習を受けた人が作る尺度は、項目間にある程度の相関があり、得点分布は正規分布するようなものになります。

心理テストというとみなさんは、絵やあやしげな模様を見て何か解釈するようなものや、物語を作らせてそこから「深層心理」を明らかにするようなものを想像するかもしれません。しかし、さまざまな研究によって、そのようなテストはあまり我々の行動や思考を正しく予測したり解釈することはできないことがわかっています。むしろ、本書で挙げたようなタイプの心理尺度のほうが、結果を見て意外性を感じたりして楽しめないのは確かかもしれませんが、有用なことが多いということがわかっています。

02

愛の吊り橋効果は本当に使えるのか

恋愛心理学の定番「愛の吊り橋効果」

恋愛や恋愛テクニックについての本を読んだりテレビ番組を観たりすると、「愛の吊り橋効果」といわれる現象が紹介されていることが少なくありません。専門家風の人がもっともらしく解説していることもあります。おそらく通俗恋愛心理学の中で、もっとも有名な現象なのではないでしょうか。

これは、「吊り橋を渡る」といった状況に代表されるドキドキハラハラするような状況に置かれると、そのときのドキドキが一緒にいる人の魅力だ（つまりその人と一緒にいるからドキドキしているのだ）と誤って解釈されやすくなり、恋に落ちやすくなるという現象です。そのため、デートするときは一緒に吊り橋を渡ったり、吊り橋に代わるドキドキハラハラするような状況、たとえば、ジェットコースターに乗ったり、お化け屋敷に行ったりすることが推奨されるわけです。

では、本当に、愛の吊り橋効果は成り立つのでしょうか。それを検討するためには、吊り橋効果を明らかにした最初の研究に戻って考える必要があります。

図3-02 カピラノ吊り橋を渡る観光客（*yu*／PIXTA（ピクスタ））

「愛の吊り橋効果」実験

いわゆる「愛の吊り橋効果」実験は、カナダのブリティッシュコロンビア大学のダットンとアロンという心理学者によって行われたもので、1974年に「パーソナリティと社会心理学雑誌」に掲載されたものです。

この実験の舞台はカピラノ吊り橋というバンクーバーにある有名な吊り橋です【図3-02】。この吊り橋、70メートル以上の高さがあり、かつ多くの人が同時に渡り、ゆらゆら揺れるので、相当怖い吊り橋になっています（吊り橋実験があまりにも有名になったので、世界中の心理学者がバンクーバーに行ったときには必ず訪れる心理学者の名所にもなっています)。

この吊り橋を一人で渡ってきた男性が実験参加者となります。この実験参加者は、橋を渡り切ったところで「美しい」女性の大学院生に声をかけられます。彼女は、「じつはいま、大学院の研究の被験者を募集しているのです。協力してくれませんか」と頼みます。もし、実験に協力するということになると、彼女はTATという心理テストを彼に行いますが、その後、「もし実験の結果が詳しく聞きたければ、私に電話してください」と言って自分の電話番号をメモに書いて彼に渡します。これが実験の手続きです。

もしも、カピラノ吊り橋を渡ったことでドキドキが生じていて、そのドキドキが彼女への恋と誤認されるのであれば、男性の実験協力者は彼女ともう一度話がしたいと思うはずで、結果、彼女のもとには電話がたくさんかかってくることが予想できます。

もちろん、これを検証するためには統制群、つまり比較対照が必要です。渡ってもドキドキしない橋で同様のことを行った場合に比べて、カピラノ吊り橋の場合により多くの電話がかかってくるというやり方で証明しなければなりません。そこで、ダットンらはもう一つの条件をカピラノ吊り橋の下流にかかっているコンクリートの丈夫な橋で行いました。この実験の結果を【表3-05(a)】に挙げてみます。

実験群の橋、つまりカピラノ吊り橋では33人に声をかけたところ、23人が研究に協力してくれました。そのうち、18人が電話番号を受け取ってくれましたが、その半数の9人が彼女に電

表3-05(a)「愛の吊り橋効果」実験の結果（女性のインタビュアー条件）(Dutton & Aron, 1974)

	実験に参加してくれた人	電話番号を受け取ってくれた人	電話をかけてきた人
統制群	22/23	16/22	2/16
実験群	23/33	18/23	9/18

（分母は声をかけたり、電話番号を渡すことを試みた人の人数、
分子は実際に参加してくれたり、番号を受け取ったりした人の人数）

表3-05(b)「愛の吊り橋効果」実験の結果（男性のインタビュアー条件）(Dutton & Aron, 1974)

	実験に参加してくれた人	電話番号を受け取ってくれた人	電話をかけてきた人
統制群	22/42	6/22	1/6
実験群	23/51	7/23	2/7

話をかけてきました。一方、統制群の橋では23人に声をかけて22人が研究に協力してくれました。そのうち16人が電話番号を受け取りましたが、その中で実際に電話をかけてきた人はわずか2人しかいませんでした。もし、電話をかけてくるかどうかが「恋」と関連しているとするならば、カピラノ吊り橋を渡った男性のほうがこの女子大学院生に恋をしてしまいやすいということになるわけです。

ちなみにこの実験、コンクリートの堅い橋で行う統制条件以外に、もう一つの統制条件も行われていました。それは、男性の実験参加者に対して、男性の大学院生が近づいて同様なことを行うという条件です。もちろん、この条件ではたとえカピラノ吊り橋を渡った直後といえども、恋は発生しなかったようです。コンクリートの橋の条件との間で大きな差は生じませんでした【表3－05（b）】。

愛の吊り橋効果のメカニズム

さて、この現象を解釈する場合に、まず前提として知っておかなければならないことが一つあります。それは、我々は自分の感情が高まるなど変化した場合、その変化が何であるか、そして、その原因が何であるかを、必ずしも正しく認識できるとは限らないということです。

ダットンとアロンに先立つ有名な研究としてシャクターとシンガーという心理学者が行った有名な実験（１９６２）がありますが、この実験では、アドレナリンの注射によってドキドキ状態を作り出した（交感神経系を活発にさせ、心拍が増加したり、血圧が上昇したり、呼吸が速くなったりする身体状況を作り出します）実験参加者に「怒っている男性」を見せたところ、その参加者は自分のいまの状態（交感神経が活発になっている状況）を「怒り」だと解釈したのに対して、「楽しそうにしている男性」を見せたところ、その参加者は自分のいまの状態を「愉快な気持ち」だと解釈したというものがあります。

つまり、同じドキドキ状態でも、周りの状況によって本人が感じる感情が変わってきてしまうということです。人間は生理的変化からその状態や原因をダイレクトに知覚できるわけでなく、頭の中で推論して適切な感情状態や原因を推測しているというわけです。

では、吊り橋実験では何が起きているのでしょうか。ダットンとアロンは次のように考えました。まず、「高くて揺れる」カピラノ吊り橋を渡ることによって、実験参加者はドキドキ状態が引き起こされます。その後、「美人」の女子大学院生から話しかけられました。この段階で、実験参加者の男性は、自らのドキドキはどのような感情で、その原因はいったい何かを推測することになります。もちろん、この感情は「恐怖や不安」で、その原因は、実際は吊り橋を渡ったことが原因なのですが、いま目の前には「美しい」女子大学院生がいます。そこで、この生じたドキドキが、もしかしたらこの女子大学院生によって引き起こされた恋の感情なのではないかと誤って推測してしまうわけです（これを情動の錯誤帰属といいます）。

驚くべきことに「恐怖や不安」と「恋」が体に引き起こす変化はほとんど一致しています。

そのため、このような誤った解釈が生じやすくなってしまうというのです。

恋をしたからドキドキするのでなく、ドキドキしたから恋をする

じつは、ここまで述べてきた説明は、我々の常識と大きく異なっています。普通は、かわいい人やかっこいい人を見るとそこで恋が発生し（認知）、そしてドキドキする（情動喚起）という流れで出来事が起こっていくと考えられることが多いのですが、このような実験を見てみると、それとは逆に、ドキドキする（情動喚起）から、その人に恋している（認知）ことに気づくということになるわけです。

常識　この人美しいな、かわいいな♥→ドキドキ♡
研究　ドキドキ♡→自分はこの人のことを美しいな、かわいいなと思っているんだ♥

しかし、これは言われてみると確かにそのような気がしないわけではありません。高校生や中学生のときの恋を思い出してみれば、誰しも一度くらいは「あれ、なんでこんなドキドキしているんだろう、これって恋なのかな？」という感じを抱いたことがあると思いますが、いかがでしょうか。

3

表 3-06 それぞれの条件におけるセミヌード写真の魅力度評定値（100 点満点） (Valins, 1966)

	心拍上昇条件	心拍下降条件
心拍上昇写真	79.99	―
心拍変化なし写真	56.65	66.50
心拍下降写真	―	51.78

（この表では、情動的感受性の高い被験者グループの結果のみを示している）

心臓の音の偽のフィードバックで魅力が向上する

この問題を、より巧妙に実験したものがあります。それは、ヴァリンスら（１９６６）の実験です。

この実験では、男性の実験参加者に対して、「プレイボーイ誌」に掲載された10枚の女性のセミヌード写真が順番に見せられました。彼らにはそれらの写真を見ている際の彼らの「心拍」が、スピーカーを通じてフィードバックされました。しかし、じつはこの心拍は「偽物」で、実際の彼らのものではありません。10枚のうち５枚の写真では、写真を見ているうちに心拍が上昇する（あるいは下降する）ようにあらかじめ録音されたものでした。つまり彼らは、10枚の写真のうち５枚では、自分がヌード写真を見て心臓がドキドキしていると思い込まされたのです。

その後、彼らに再びその10枚の写真を呈示して、それらの写真の魅力度について評定させました。もちろん、ドキドキする写真は実験参加者ごとにランダムに割り振られています。

その結果、【表3－06】のようになりました。つまり、自分がその写真を見てドキドキしたと思い込んだ写真は、心拍が変化しなかった写真よりも魅力的に、心拍が下降したと思った写真は、より魅力的でなく評定されたのです。つまり、「ドキドキするから好き」という現象が直接的に観察されたわけです。

また、6週間後に彼らを再び実験室に呼んで、15分程度別の実験の調査に協力してもらった後で、「お礼として先日協力してもらった実験の10枚の写真のうち、5枚の写真をあげるので、10枚のうち好きな5枚を選択してください」といって写真を選択させる課題も行いました。

その結果、やはり、彼らは心拍が「ドキドキ」した写真を選択しやすい（33人中28人がドキドキ写真のほうを多く選択しました）ことがわかりました（ちなみに、彼らはこの後、「じつは、いまの選択が実験でした」とばらされるのですが、実際に写真はもらえませんでした。残念でした）。つまり、このドキドキの効果は少なくとも6週間は持続するわけです。

愛の吊り橋効果はあなたには使えないかも

さて、この種の実験はいくつか行われて、だいたい同様の結果が得られているのですが、この種の実験を行うときに絶対に欠かすことができない要因があります。それは何だと思いますか？

じつは、「美しい」大学院生、「美しい」実験協力者が必要なのです。

そもそも吊り橋効果が発生するためには、橋を渡ることによって、ドキドキが発生し、その原因を実験参加者が推測するということが必要になってきます。いま、目の前に「美しい」大学院生がいれば、吊り橋によって生じたドキドキの原因の一部をその女性に誤って帰属してしまう可能性がありますが、もし目の前の女性が「美しくない」場合、男性は吊り橋によって生じたドキドキをその女性に誤って帰属する可能性は少なくなります。つまり、「あれ、なんで自分はいまドキドキしているのだろう、目の前にこの女性がいるからかな」と思ってくれず、「あれ、なんで自分はいまドキドキしているのだろう、目の前にこの女性がいるからかな、いやそんなわけがない、この人はそれほど素敵ではない、そうだ、さっきあの橋を渡ったからだ」と正しく原因を同定してしまったり、「あれ、自分はなんでドキドキしているんだろう、きっとこんな実験に協力させられて腹が立っているんだ」などと帰属してしまう可能性があるのです。

つまり、テレビや怪しい心理学書で推奨されている「愛の吊り橋効果」は理論上、「美しい」一部の人にしか使用することができないテクニックなのです。あなたは自分で使える自信があるでしょうか…。

美しくないと愛の吊り橋効果は逆効果になるか

この現象を実際の実験で確認したのがホワイトら（1981）の実験です。彼らは、男性の参加者にメディカルチェックの後、15秒間（低覚醒条件）あるいは、120秒間（高覚醒条件）走らせて、ドキドキ状態を作り出しました。そして、その後、一人の女性の自己紹介ビデオテープを見せて、彼女についての質問に答えました。

この女性は、美しい女性の条件と、あまり美しくない女性の条件があります。ちなみにこのような条件があるというと、美しい条件の人はいいが、美しくない条件で使われた女性は気の毒だとかかわいそうとか差別だとかいう批判がくることがありますが、これはもっともなことです。そこで、この研究では同じ一人の女性が、着ている服と髪型、それにメイクアップによって美しい条件と美しくない条件を作り出しています（最近の研究では、だいたいこの方法が使われます）。

男性が答える質問の中には、ロマンティックな魅力度評定に関する4問の質問が含まれています。この4問とは「この女性とキスしたいですか」とか「この女性とデートしたいですか」などの質問です。男性はこれらの質問に9段階で回答しました。さて、この実験の結果、女性の魅力はどのように評定されたのかを【図3－03】に示してみます。

つまり、理論的な予想どおり、美しい女性に対しては「愛の吊り橋効果」が発生し、その魅

図3-03 覚醒度と評定対象のロマンティックな魅力度の関連（36点満点）（White et al., 1981）

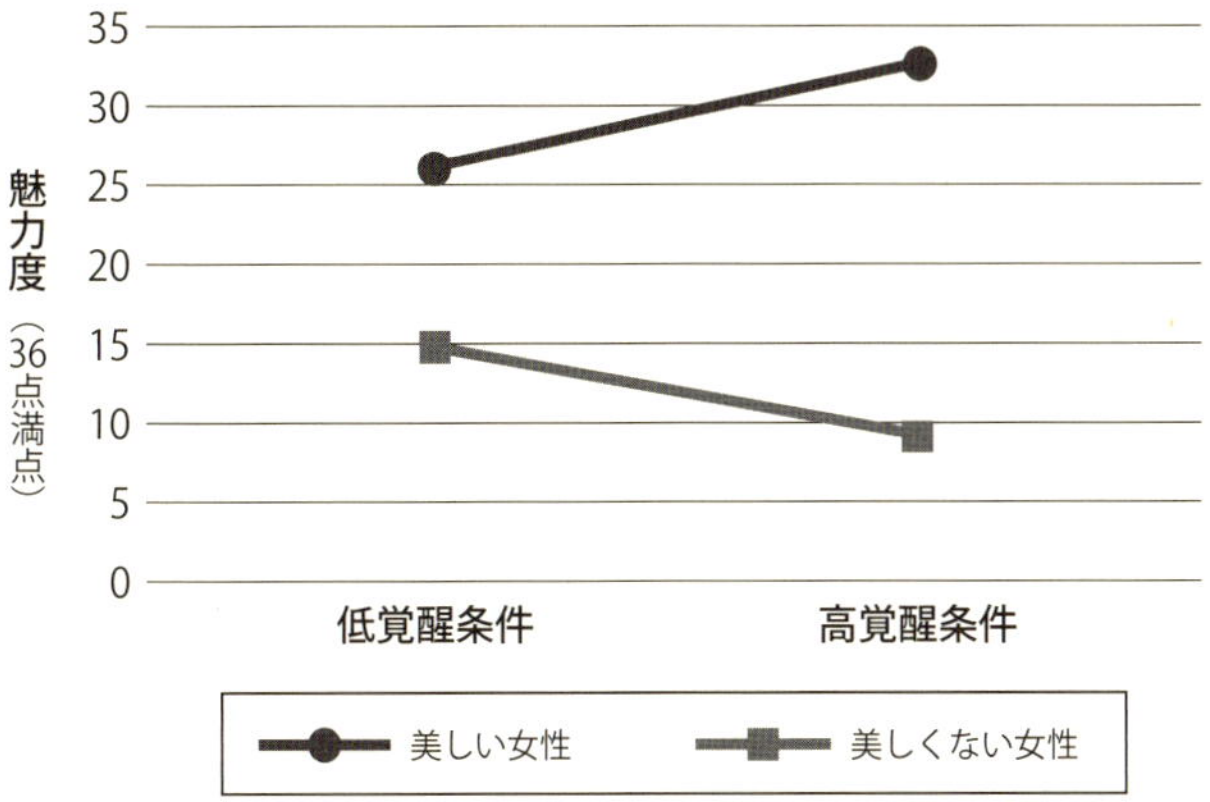

力度はより高まったのに対して、美しくない女性の場合にはこの効果が発生しませんでした。それどころか、美しくない場合にはまったく逆の効果、つまり魅力度が低下してしまう効果が見られました。これは、走ったことによるドキドキが女性の魅力以外のものに帰属されてしまったことを意味しています。たとえば、このドキドキが美しくない女性に対するイライラに帰属されてしまえば、もちろん「逆吊り橋効果」が発生してしまうわけです。

ジェットコースターに乗ると恋愛は失敗する

さて、「愛の吊り橋効果」について語られるとき、よく利用が推奨されるのは「ジェットコースター」です。吊り橋は山奥に行かなければなかなか利用できませんが、ジェットコースターなら遊園地に行けば簡単に利用できるからです。スリリングなジェットコースターに乗ると、ドキドキが発生しますから、もし、あなたが美人やイケメンなら、錯誤帰属によって相手の好意が増す可能性はあるわけです。

実際にこれを確認しようとしたのが、メストンとフローリック（2003）です。彼女らは、ジェットコースターを待っている列のカップルと、ジェットコースターに乗り終わったばかりのカップルをつかまえて、この効果が生じているのかを確認しました。カップルのパートナーについて、相手の魅力度を7段階で評定させたのです。もし「吊り橋効果」が発生しているならば、ジェットコースターに乗る前よりも乗った後のほうが、相手の魅力度が上昇していると考えられます。

この研究の結果を【図3－04】に示してみましょう。結果は、カップルが現在、恋愛関係にあるか（恋愛カップル条件）、友人関係にあるか（友人カップル条件）に分けて図示しています。結果を見てみると、「吊り橋効果」はまったく発生しないどころか、逆にジェットコースターに乗った後のほうが、パートナーの魅力度が低下しているのがわかりました。

しかも、実際にはもっと悪い効果が発生していました。じつは、この実験では、パートナーの魅力度を評定させるだけでなく、別の異性の写真を見せてその魅力度も評定させていたのです。ところが、現在、恋愛関係にないカップル条件では、ジェットコースターに乗った後で、この別の異性の魅力度が向上する効果があったのです。つまり、まだ、恋人関係になっていな

図3-04　ジェットコースターにおける魅力実験
(Meston & Frohlich, 2003)

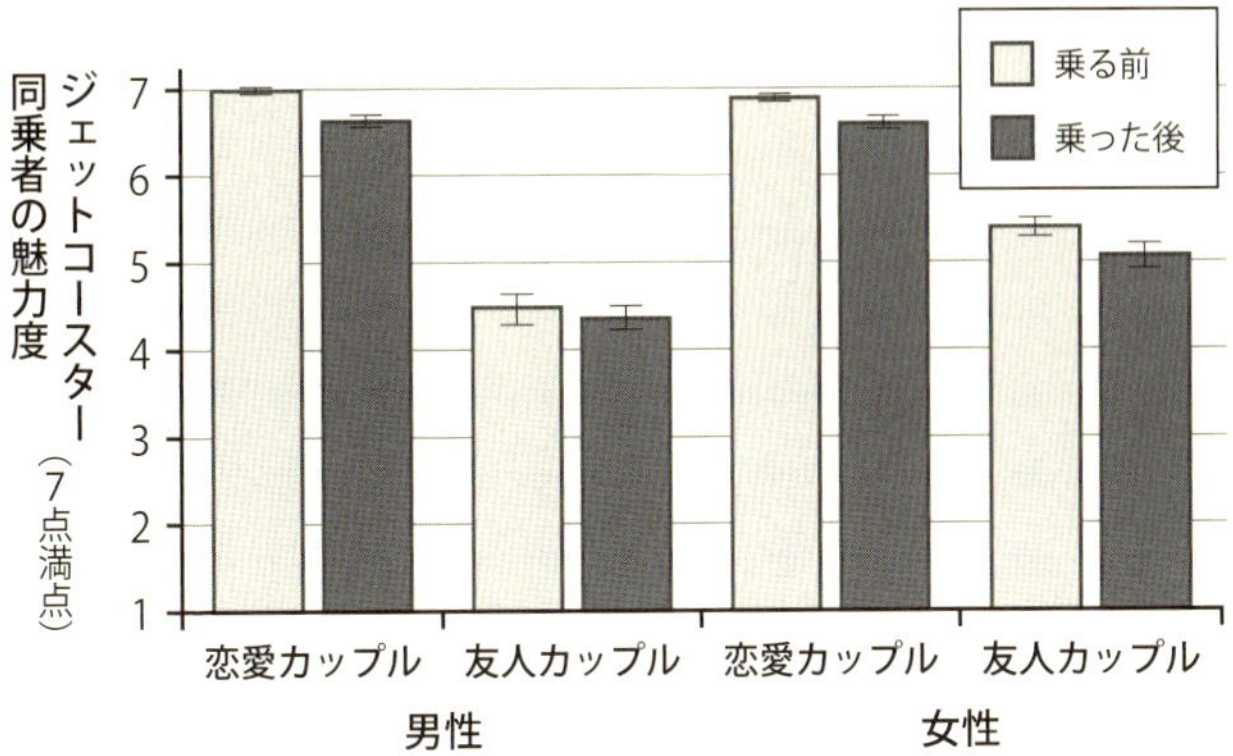

（エラーバーは標準誤差）

い初期のデートで、「吊り橋効果」を狙ってジェットコースターに乗ると、自分は好かれるどころか魅力度が低下し、別の異性の魅力度が上がってしまうという踏んだり蹴ったりの結果が生じる可能性があるということです。

このような効果が生じてしまう理由はさまざまあると思いますが、ジェットコースターに乗ることで、頼りがいがあると思っていた男性が悲鳴を上げたり、いつも清潔できちんとしていた女性のヘアやメイクがめちゃくちゃになったりすることによる魅力低下の効果が「吊り橋効果」よりはるかに強力だったから、というのが一つの理由でしょう。

表3-07 ドキドキの程度と評定対象のロマンティックな魅力度の関連（36点満点）（White, et al. 1981）

	ホラー条件	コメディ条件	統制条件
美しい女性	28.3	28.6	23.0
美しくない女性	11.2	11.2	17.4

ホラーとコメディによって魅力を増進できそうか

では、ジェットコースター以外に何か使えるものはないでしょうか…。ほかにドキドキを引き起こしそうなものは、映画です。たとえばホラー映画では、恐怖やバイオレンスによってハラハラ、ドキドキしますから、やはり錯誤帰属が生じる可能性があります。また、コメディ映画でもやはり心拍の上昇などのドキドキが生じますので、これも使えるかもしれません。

映画を直接使用しての実験は、現在のところ行われていないようですが、ホワイトら（1981）は、音声を使って同様の効果が起こるのかを実験してみました。ホラー条件では、家族の前で人が群衆によってバラバラに切り裂かれる場面を描いた音声を、コメディ条件では、有名なコメディアンのスティーブ・マーティンのアルバムから抜き出したコメディの音声、そして統制群には、生物学のテキストを朗読している音声をそれぞれ4分間聞かせて、その後、美しい女性と美しくない女性に対する評定を行いました。その結果は【表3－07】のようになりました。つまり、もしあなたが美しければ、ホラーでもコメディでも「愛の吊り橋効果」が発生して魅力が増加する可能性はありますが、美しくない場合には、やはり逆吊り橋効果が発生してしまうということです。

サスペンス映画はいちゃいちゃを促進する

では、サスペンスはどうでしょうか。サスペンス映画については、おそらく上記と同じような効果が発生する可能性はありますが、実際に検証した研究はありません。ただし、興味深い研究がコーエンら（1989）によって行われています。彼らは、カップルが映画を見始める前と見終わる頃の、お互いの体へのボディタッチなどのいちゃいちゃ行動を測定しました。

実験群の参加者には、ドキドキハラハラする場面はもちろん、暴力シーンもヌードシーンも含まれている「52pickup」というサスペンス映画を、対照群には、暴力もヌードもない「真実の物語」というアメリカ中産階級の生活を描くドキュメンタリー映画を見せました。その結果、サスペンス映画を見せた群では、次第にいちゃいちゃ行動が増加しました。一方、ドキュメンタリー映画を見せた群では違いはありませんでした。

ドキドキハラハラや不安の喚起は、錯誤帰属の効果以外にも、「相手とより一緒にいたい」という親和的な動機を促進するためにこのような効果が発生するのだと思われます。「吊り橋効果」が美人やイケメンにしか使えないのに対して、親和性の増進はおそらく、相手の魅力にかかわらず発生すると思われます。親しくなりたい異性と初めてのデートで親密になりたいのなら、また、あなたが外見的魅力に自信がないのなら、吊り橋やジェットコースターよりも、ドキドキハラハラするようなサスペンス映画がお勧めです。

反対されると燃える「ロミオとジュリエット効果」

このような「恋」の錯誤帰属効果の研究の中で有名なものとして、ドリスコルら（1972）の「ロミオとジュリエット効果」の研究があります。

この研究では、結婚前後のカップルを対象にして、親からの交際に対する反対と愛の深さの関連について調査しました。彼らが主に念頭に置いたのは、心理学で「ブーメラン効果」と呼ばれているものです。これは、あることをしろと言われると逆にしたくなくなるとか、するなと言われるとしたくなってしまうといった、我々がよく体験するあの現象です。これを恋愛関係に適用すると「親から反対されると、ますます愛が深くなってしまう」のではないかと考えられます。

また、ここまで挙げてきた錯誤帰属の考えを利用しても、同様の結果が予測されます。たとえば、あなたがある人との交際を親から反対されているとしましょう。ある日もその人とデートして帰ってくるとさっそく、父親があなたのことを厳しく叱ります。「また、あいつと会ってきたんだろう！　あいつと会うことは許さん！」とお父さんは言うかもしれません。このときあなたはどのような行動をとるでしょうか。おそらく、頭に血が上って、父親と口論してかっかとしながら、部屋に閉じこもるのではないでしょうか。そしておそらく、交際相手のことを考えます。このとき、あなたは父親との口論で、交感神経系の働きが活発化していて、心臓はドキドキ、呼吸は速くなっていると考えられます。この状態で交際相手のことを考えると、その高覚醒状態が交際相手への愛と錯誤帰属されてしまう可能性が増加すると考えられるのです。

では、このような関係、「両親から反対されると愛は深くなるのか」という現象は、実証されるのでしょうか。対象となったのは、交際中からすでに結婚しているカップルまで含めて合計１４０組です。彼らに、愛情を測定する尺度と、両親からの反対の度合いを測定する尺度を実施しました。両親からの反対の度合いは「交際相手の外見を悪く言う」「交際相手を受け入れない」などの項目で測定しました。ちなみに、未婚カップルの45％程度が少なくともどちらかの両親から交際に対してある程度強い妨害をされていました。

調査の結果、未婚カップルでは両親の反対と愛の間に確かに相関があることがわかりました。相関係数は、r = 0.35 でした。ただし、この効果は未婚のカップルにのみ発生し、結婚しているカップルだと相関は r = -0.02 とほとんどなくなってしまいました。

ドリスコルらは、未婚のカップルが両親から反対されることによって、より愛が燃え上がるというこの現象を、シェイクスピアの戯曲から「ロミオとジュリエット効果」と名づけました。

また、この現象はそもそも錯誤帰属やブーメラン効果が原因となっているため、両親からの反対がなくなると恋が急に冷めるという現象が存在することも予測します。
実際のところ、交際を両親から反対されていたことがある人は、両親からの反対がなくなったとたん、なぜか恋が急に冷めてしまったという経験があるのではないでしょうか。

Column 07

ラブソングは、恋を促進するか？

デートでカフェやレストランに行ったときに、バックグラウンドミュージック（BGM）としてどのような曲が流れていると恋愛を促進するでしょうか。もちろん、ロマンティックな曲が流れていると、ロマンティックな雰囲気になり、恋愛を促進すると考えることができそうですが、そんなささいなものは恋愛に影響を及ぼさないという可能性も十分考えられます。そこで、これを実験的に検討してみたのが、ゲーゲンら（2010）です。

彼らは、18歳から20歳の独身の女性を実験参加者として集めました。そして、彼女らをまず待合室でしばらく待機させましたが、そこでBGMとしてラブソングを流す群と、ニュートラルソングを流す群を作りました。ちなみにラブソングとして用いられたのは、予備調査によってもっともロマンティックと評定された、フランシス・カブレルの「死ぬほど愛する（Je l'aime a mourir）」で（9段階評定でロマンティック度8・28）、ニュートラルソングとして

表3-08 バックグラウンドミュージックが電話番号開示に及ぼす効果（Guéguen et al., 2010）

	ラブソング	ニュートラルソング
電話番号を教えた参加者	52.2%（23/44）	27.9%（12/43）

用いられたのは、もっともロマンティックでないと評定されたヴァンサン・ドレルムの「お茶の時間（A l'heure du the)」でした（9段階評定でロマンティック度1・15）。

その後、実験参加者は、平均的な容姿の男性（9段階評定で魅力度5・08）から数分間のマーケティングに関するインタビューを受けました。

さて、そのインタビューの合間に、インタビュアーの男性は女性の参加者に対してこのように持ちかけます。「僕はアンソニーっていうんだ。君はとってもいい感じの子だね。もしよかったら電話番号教えてくれないかな、後で電話するからさ。できたら、来週にでも一緒にどこかへ飲みに行かないかい」。これに対して女性が電話番号を教えるかどうかが従属変数になりました。結果は【表3-08】のとおりです。つまり、待合室でBGMとしてラブソングを流していたほうが、より電話番号を教えたのです。

ゲーゲンらは、同様の実験を町の花屋さんでも行っています。花屋のBGMとしてロマンティックなラブソングを流すと、お客さんはより恋愛的な気分を喚起させられて、花を買うようになるだろうという

表3-09 バックグラウンドミュージックと花屋における客の行動
(Jacob et al., 2009)

	ラブソング	ポップソング	音楽なし
使ったお金(€)	32.55	27.21	25.31
滞在時間(秒)	291.66	153.70	232.00

のが仮説です。比較対照としては音楽を流さない条件と、ポップソングを流す条件を作りました。

実験結果を【表3-09】に示します。なんと予測どおり、ラブソングを流した群で、お客さんはより長く店にとどまり、花を買うためにより多くのお金を払ったのです。

ちなみに類似の研究としては、ワインショップでクラシックを流すことによって、より高価なワインが売れるようになることを明らかにしたアレニとキム(1993)の研究や、逆にクラシックを流すことによって、ジャズやポピュラーミュージックを流すよりも、カジュアルレストランにおけるアルコールの消費量が減少することを明らかにしたウィルソン(2003)の研究などがあります。

このように近年の研究では、ちょっとした刺激の違いが我々の行動に思いのほか大きな影響を与えていることを示しています。みなさんも初めてのデートのときは、ヘヴィメタルや前衛ジャズが流れる店よりもラブソングが流れる店に行ったほうがよさそうですね。

03
ビールを飲むと恋に落ちやすくなるか

飲酒は恋愛を促進するか

成人になると、お酒を飲むことができるようになりますが、恋愛とお酒には密接な関係があるように思われます。しゃれた料理を食べに行き、その後はバーやラウンジなどでお酒を飲むというのは、大人にとっては鉄壁のデートコースですし、学生でも居酒屋デートやレストランでお酒を飲みながら会話を楽しむというのはよくあることです。では、お酒に恋愛を促進する効果があるのでしょうか。

じつはこの問題を扱った多くの研究が、まさにそのような効果が存在するという結論を出しています。たとえば、エンゲルスとクニッブ（２０００）は、アルコールを飲む頻度が高いほど恋人ができやすいということを示しています。ただし、男女とも、家でお酒を飲む頻度とは関係なく、酒場などのパブリックな場所で飲む頻度が重要でした。また、お酒は、男女ともに性行動を促進するということもわかっています。実際に「深い仲」になる前には飲酒行動が先行することが多いことなどが指摘されています。

ビアゴーグル効果とは

さて、そのような飲酒の恋愛促進効果ですが、ここでは、古くから指摘されているちょっと興味深い現象について検討してみたいと思います。

それは、ビアゴーグル（beer goggles）効果です。これは、ビールを飲むと異性が魅力的に見える、つまり女性はより美しく、男性はよりイケメンに見えるようになるという現象です。ここでいうゴーグルとは、スキーなどで使用する、まさにあの「ゴーグル」のことです。ゴーグルをかけるとものが見えにくくなってしまいますが、ここでは、ビールを飲むことによってまさにものが見えにくくなり、あまり美しくない人やイケメンでない人が美人やイケメンに見えてしまうと言う現象をさしています。

これに関連したジョークや歌、居酒屋などで語られる逸話は数多く存在します。たとえば、パブで美しい女性と知り合い、そのまま朝まで過ごし、朝ベッドで寝ている姿を見たら、美しいなんてとんでもない女性で驚愕したなどのお話です。では、この現象は本当に存在するのでしょうか。

酒場でのビアゴーグル効果研究

アルコールを飲むと女性が美しく見えるかという研究を最初に行ったのは、ジョーンズら

（２００３）です。

彼は、大学近くのバーにいた18歳から26歳の男女80人を捕まえて実験を行いました。このうち、半数の参加者は当日酒を飲んでおらず、残りの半数は調査時から3時間以内に１～６ＵＫユニットの酒を飲んでいると自己報告していました。１ＵＫユニットはだいたい半パイント（２８４ミリリットル）のビールあるいは小さなグラスのワイン程度の飲酒量に当たります。彼らは、バーの一角に連れてこられて（もちろんバーの店主の了解は取ってあります）、パソコンの画面上に呈示される１１８人（男女59人ずつ）の若者の写真を見て、その魅力度を「まったく魅力的でない＝１」から「非常に魅力的である＝７」まで、７段階で評定しました。

分析の結果、アルコール摂取が写真に対する魅力度を高く評価する傾向が見られました。また、男性の評価者の場合、女性の写真への評価が高くなる傾向が、女性の評価者の場合、男性の写真の評価が高くなる異性効果が見られました。つまり、異性の魅力が向上するというビアゴーグル効果がはっきりと見られたわけです。

アルコールの量が多くなるほど異性は魅力的に見えるのか

ジョーンズらの実験は、ビアゴーグル効果を実際に示した研究として非常に興味深いものですが、アルコールを飲んでいる人と飲んでいない人を比較しただけだというところがちょっともの足りません。では、アルコールをたくさん飲めば飲むほどビアゴーグル効果は生じやすくなるのでしょうか。

この問題を研究したのが、リヴァースら（２０１１）です。彼らは、アルコール濃度測定器（警察が酒気帯び運転の取り締まりで使用している、呼気に含まれるアルコールの濃度から血中アルコール濃度を測定するためのあの装置です）を使用して、アルコール濃度とビアゴーグル効果の関連を研究しました。

実験対象となったのは、80人のボンド大学の学生（男性41人、女性39人）です。実験者は、午後9時と午前0時にキャンパス内のバーを巡ったりパーティーに現れたりして、そこで酒を飲んでいる学生を見つけて実験に協力してもらいました。

彼らには、まず、アルコール濃度測定器に息を吹きかけてもらい、その後、15枚の刺激写真を見せて、その人物の魅力度を10段階で評定させました。実験の結果、血中アルコール濃度と魅力度の評定値の間には、$r = 0.23$ の相関が見られました。この相関はそれほど高いというわけではありませんが、統計的には十分に有意なものでした。

また、血中アルコール濃度ごとに協力者を3つのグループに分けて分析したところ、**【表3－10】**のようになりました。これを見ると「飲めば飲むほど、異性が美しくなる」というわけでは必ずしもなく、ほどほどに飲むことによって異性が美しく見え、その後は飲酒量が増えてもあまり変わらないということのようです。

表3-10 血中アルコール濃度とビアゴーグル効果の関連
（Lyvers et al., 2011）

血中アルコール濃度	0%	0.01 ～ 0.09%	0.10 ～ 0.19%
人数	27	27	26
評定値平均	3.26	4.67	4.50

ビアゴーグル効果を実験室で再現する

さて、ここまで述べてきた研究はいずれも、バーやパブなどの酒場やパーティーのようなリアルな条件で行われたものです。このような研究は確かに、リアルな現象を明らかにしてくれますが、さまざまな要因が入り組んでいて、本当にアルコールの摂取が周りの人の顔を美人やイケメンに見せるようなバイアスを生み出すのかについては明確なことがいえません。本当にアルコールに魅力増進効果があるのかを明らかにするためには、やはり実験室で統制のとれた条件で実験をしてみることが必要でしょう。

このような研究を行ったのは、パーカーら（２００８）です。彼女らは、お酒を飲む習慣のあるブリストル大学の学生84人に協力してもらって実験を行いました。このうち、半数が男性、半数が女性です。

本当にアルコールが効果を持っているのかを示すためには、プラセボ群といわれる統制条件を設定することが必要です。これは、実際にはアルコールを飲んでいないのに自分では飲んでいると思っている群のことです。この群と、実際にアルコールを飲んでいる実験群の間で差が見られれば、アルコールの魅力増進効果が確認されることになります。実験参加者の半分は、実際にアルコールを飲む実験群、残りはプラセボ群に割り当てられました。

実験群は、水割りのウォッカで3・5ユニット（アルコール度数14％のワイン250ミリリットルに相当）のアルコールを摂取し、統制群にはライムで味付けされた同量のトニックウォーターが与えられました。トニックウォーターは、お酒と区別できないように味付けされています。さて、実験協力者は、その後、パソコン上で男性20人、女性20人の写真を提示され、それぞれについて7段階で写真の魅力度について評定する実験を行いました。

この実験の結果、実験群は、やはりプラセボ群に比べて、全般的に高い魅力度で写真を評定することがわかりました。また、この実験では異性の魅力だけでなく、同性の魅力も同様に上昇することがわかりました。そして、なんとこの効果は、男性が女性を評価する場合には、翌日まで持続しました。

なぜビアゴーグル効果が起きるのか

このように、やはりアルコールは相手の魅力を高く評価させる効果を持っているのは間違いなさそうです。つまり、デートのときにお酒を飲みに誘うのはそれなりに効果がある可能性があるわけです。では、なぜ、ビアゴーグル効果が生じるのでしょうか。

　これについては、いくつかの説が提案されています。一つは、生物学的な理由です。たとえば、リヴァースらは、アルコールの摂取によって、人はドーパミン報酬系といわれる神経回路が活性化し、これによって身の回りのものがポジティブに評価されやすくなるのではないかと述べています。これは一見難しそうな説明ですが、いってみれば、お酒を飲むと気持ちよくなるとかハッピーになる人が多いからということです。

　また、前節で挙げた「愛の吊り橋効果」と同様な現象が生じている可能性もあります。つまり、アルコール摂取によって心拍が増加しドキドキする状態になり、それが写真の人物に錯誤帰属されるということです。

　3番目の仮説として、アルコール摂取による非対称性検出精度低下仮説があります。一般に、人の顔は左右対称であるほうが、非対称であるよりも魅力的に感じられるということがわかっています。一方で、アルコール摂取はこの非対称性の検出精度を低下させるということもわかっています。たとえば、ソウトら（2008）は、飲酒によって、非対称な三角形と対称な三角形を見分けるという課題の成績が低下することを明らかにしています。とすると、人はアルコールを摂取することによって、非対称な顔が対象に見えてしまうようになり、その結果、写真の顔の魅力度が上昇するというわけです。

ニコチン・ゴーグル効果

ビアゴーグル効果の説明の一つに、アルコール摂取によって対称性認知が阻害されるというものがありました。じつは、このような対称性認知を阻害するものには、ほかにタバコに含まれるニコチンがあります。とすると、理論的にはニコチン・ゴーグル効果、つまりタバコを吸うと人が魅力的に見えるという現象が生じることが予測されます。

これを研究したのがアトウッドら（２００９）です。彼女らは、普段タバコを吸う（しかし、中毒ではない程度の）実験参加者に、ニコチン含有率の高いタバコかニコチンがあまり含まれていないタバコを吸わせて、その後、男女20人ずつ、40人の顔写真についてその魅力度を7段階で評定させました。その結果、予想どおりニコチン・ゴーグル効果が観察され、ニコチンをより多く摂取した実験参加者のほうが呈示された写真を魅力的だと評定しました。

夜のバーなどで女性が魅力的に見える現象には、アルコールの影響だけでなく、バーに漂うタバコの煙の間接喫煙効果も存在するのかもしれません。

第4章

告白と両思いを成就する心理学

01

告白を成功させる心理学

恋愛最大の難関、告白

恋をして、好きな人ができるとその人に告白して、正式に交際していこうと思うでしょう。でも、そのためには愛の告白をしなければなりません。この告白が恋愛初期における最大の関門といってもよいでしょう。

ところでみなさんは、告白は男性が女性にするものだと思いますか、それとも女性が男性にするものだと思いますか。もちろん、多くの人は男性が女性にする場合のほうが断然多いように考えていると思います。しかし、告白に関する国内の研究を見てみると、日本の大学生ではだいたい5~7割くらいに告白の経験があり、性差は検出されないのが普通です。つまり、女性から男性への告白も頻繁になされていることになります（知らなかったけど笑）。

みんなはどのくらい告白し、どのくらい成功しているのか

ちなみにわが国では、どのくらいの告白がなされ、成功率はどのくらいなのかを示した研究として栗林（2004）が挙げられますので、この結果をとりあえず検討してみましょう。

彼の研究によれば、高校生男子の告白経験率は５１・４２％、高校生女子の告白経験率は４８・２８％、大学生男子は５７・８９％、大学生女子は５９・４６％でした。

また、成功率は、高校生男子で５２・７８％、高校生女子で４８・７８％、大学生男子で６４・８６％、大学生女子で５７・１４％でした。だいたい成功率は高校生で五分五分、大学生で６割くらいというところでしょうか。

なぜ高校生のほうが成功率が低いのかはあまりよくわかりませんが、受験など（恋愛よりは当面）重要なイベントを控えているケースが多いといったことや、大学生に比べて閉鎖的で限られた人間関係集団の中で生活する必要があるため、カップルになることに慎重になっていること、そもそも学校で男女交際が規制されている場合が多いこと、恋愛経験が少ないことなどがあると思われます。これに対して、大学になると、このような制限の多くがなくなるために、成功率が上がるのだと思います。

告白のキラーワードは何か

さて、いざ告白です。告白して、もし相手が自分の愛を受け入れて交際してくれるということになれば、二人の未来は大きく広がっていくでしょう。一方で、もし告白が失敗してしまうと、二人の関係はいまよりもむしろぎくしゃくしてしまい、現在の友情関係までなくなってしまうかもしれません。そのような意味で告白するかどうかは非常に重要な意思決定場面となります。このような状況は、「関係形成への期待」VS.「拒絶への懸念」という心の中の葛藤ということができるでしょう（菅原、2000）。

では、どのように告白すれば、成功するのでしょうか。この問題を検討したのが、樋口ら（2001）の研究です。この研究では、予備調査で収集された19種類の言語的告白メッセージを片思い状況（自分が告白され、相手のことが好きではない場合）、両思い状況（自分が告白され、相手のことが好きだった場合）という異なった条件下で聞いた場合、どのような印象を抱くのかが調査されました。

19種類の告白は、統計的な分析によって以下の3つのグループに分類されています【表4-01】。あなたが相手に告白する場合には、どのタイプの告白をするのかを考えてから、以下の結果を読み進んでください。

まず、【表4-01】のような告白を受けた場合、その後のつきあいがどのようになるのかについて回答してもらいました。回答は「つきあいをやめる＝1点」から「いままでと変わらない＝3点」、「恋人関係的なつきあいになる＝5点」の5段階で評価してもらいました。その結果、告白後の関係がもっとも進展しそうなのは、単純型でした。その後、理屈型が来て、もっとも効果がないのが懇願型でした。もちろん、告白相手があなたのことを初めから好きだった場合（両思い条件）は、片思い条件よりも効果は大きかったですが、単純型が最強だという点は同じでした【表4-02（a）】。

表4-01 告白の言語形式（樋口ら，2001）

Q もし、あなたが意中の人に告白して、交際を申し込む場合、あなたならどのようなタイプの告白をすると思いますか？　以下の3つのカテゴリーの中から自分が一番しそうな、あるいは普段している告白のしかたを選択してみてください。

4

単純型

「好きです。つきあってください」

「いつも、君（あなた）のことを考えています。つきあってください」

「もし、よかったらつきあってください」

「ずっと好きでした。つきあってください」

懇願型

「一生のお願いだからつきあって」

「オレ（私）は、君（あなた）がいないとだめなんだ（なの）、つきあってください」

「絶対に幸せにするから、つきあってください」

「オレ（私）じゃだめ？」

理屈型

「君（あなた）と話をするだけで、幸せになるんだ（です）。つきあってください」

「最初に会ったときから、ずっと好きでした。つきあってください」

「君（あなた）の笑ったところが好き。つきあってください」

表4-02(a) 告白方略とそのインパクト（５段階評定）
（樋口ら，2001）

	単純型	懇願型	理屈型
片思い	3.54	2.76	3.21
両思い	3.99	3.13	3.62

1＝つきあいをやめる、3＝いままでと変わらない、
5＝恋人関係的なつきあいになる

「男らしい告白」は意外と逆効果

また、この研究ではそれぞれの告白パターンと相手が受ける印象についても集計されています。その結果を【表4-02(b)】に示します。懇願型が、いずれの印象も悪い方向に評価されていることがわかります。

この中で、かなり重要だと考えられるのが「強引さ」です。強引な告白は、ある意味男っぽく強いイメージがあって、相手によっては非常に効果を発揮する可能性があります。「おまえはオレについていてくればいいんだ」みたいなやつですね。しかし、もちろん、このような告白は逆効果を及ぼす可能性が非常に大きいといわざるをえません。それは、「強引さ」というのは、相手の選択肢を強引に制限している状況だからといえるでしょう。

心理学では「あなたはこうするしかない」とか「こうすべきだ」と言われると、逆のことをしたくなってしまうことがあることが指摘されています。これは、先ほど「ロミ

表4-02(b)　告白方略とそのインパクト（5段階評定）
（樋口ら，2001）

	単純型	懇願型	理屈型
強引	2.92	3.99	3.23
好感が持てる	3.56	2.41	3.10
誠意を感じる	3.50	2.62	2.92
心を打たれる	3.41	2.48	3.03

オとジュリエット効果」のところでも挙げた「ブーメラン効果」です。人間はある意味、自分が自分の行動や行く末を自分自身の力でコントロールしたいという、いわば「自由への欲求」を持っており、これらの強引な説得はこのような「自由への欲求」に反するものであるために、人々はあえて反抗したくなってしまうというのがこの状況であると考えることができます。

「気持ち＋どうしてほしいか」の組合せが最強

樋口らの研究では、告白は余計な理屈抜きで正面からぶつかっていったほうがよいということになりますが、では、「好きです（好意）」＋「つきあってください（交際）」のどのような組合せがもっとも有効なのでしょうか。

栗林はこの点も検討しています。彼は、高校生と大学生の時に行われた告白166件、そのうち告白が成功して交際がかなったもの97件と、失敗したもの69件のデー

表4-03 告白成功群・失敗群ごとに見た告白形式

	好きです	つきあってください	好きです＋つきあってください	遠回し	その他
栗林（2004）					
成功群	28.8%	15.3%	42.3%	13.5%	0%
失敗群	37.0%	8.6%	32.1%	14.8%	7.4%
渡邊（2014）					
成功群	23.1%	28.2%	43.6%	—	5.1%
失敗群	51.6%	12.9%	22.6%	—	12.9%

タを収集し、成功したもの、失敗したものがそれぞれ、どのような告白形式で告白されたものなのかを集計してみました。

また、我々の研究室でも渡邊さんが同様の分析を行っています。それぞれの研究の結果を【表4－03】に示してみましょう。

これを見てみると、成功群においては、「好きです！」のような、単なる好意の表明だけの告白の比率はそれほど高くありません。おそらく好意の表明だけだと、相手に「では、何がしたいのか」ということが伝わりにくく、相手としても回答しにくいというのが一つの理由だと思われます。いきなり、「好きです！」と言われても、回答に窮してしまうという感じです。

一方、「つきあってほしい」とか「デートしてほしい」という言い方だと、「はい」あるいは「いいえ」、「考えさせて（まあ、こう言われたら「いいえ」ですが）」とか明確な回答選択肢があるので、回答に窮してしまうことはないと思われます。つまり、好意の表明と、だから何がしたいのか（つきあいたい）ということをペアにして伝える方法がベストだと考えられるでしょう。

出会ってからどのくらいで告白すれば成功確率が上がるのか

栗林は、告白に成功した人と失敗した人についてのデータ分析から、告白の成否を左右する要因をさらにいくつか発見しています。一つは知り合ってからどのくらいのタイミングで告白すればよいのかということです。

横軸に知り合ってからの期間、縦軸に成功群と失敗群の割合を取ってみると【図４－01】のようになりました。この図を見てみると、興味深い点が一つ浮かび上がってきます。それは、成功群は知り合って３か月以内という比較的初期の段階で告白をしていることです。知り合って13か月以上になると、失敗群の比率が増大しています。また、渡邊さんの研究では、知り合ってから６か月以内、とくに４～６か月の時がもっとも告白成功率が高く、やはり、それ以上の期間になると成功率が低下してくるということが示されています。

これらは、「告白するなら早いほうがよい」ということを意味します。知り合ってから何か月も単なる友人や知人の関係を維持してしまうと、それなりの関係で安定してしまいます。告白によってこの関係を壊してしまうリスクが発生してしまうため、友人というカテゴリーに収

図 4-01 告白成功群・失敗群ごとの交際期間（栗林, 2004）

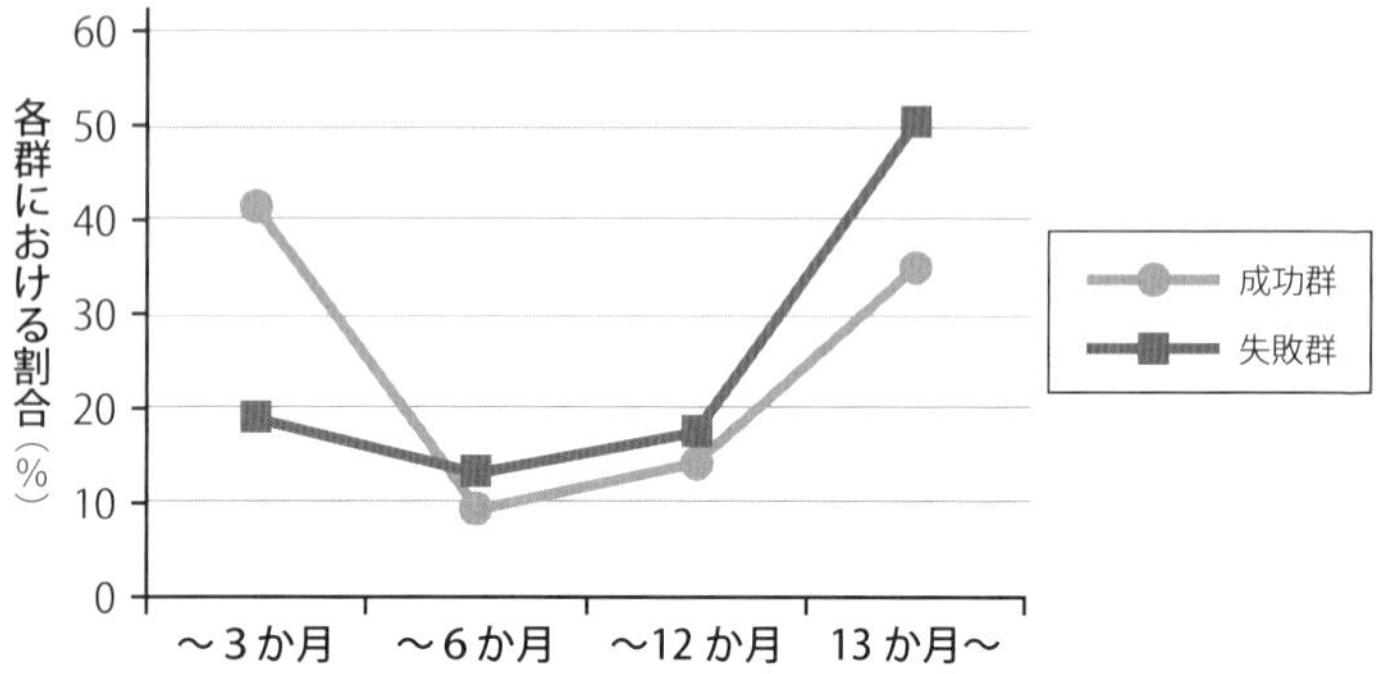

まってしまった後の告白は失敗する可能性が高いのだと思われます。

実際に、渡邊さんは、告白の成功可能性をロジスティック回帰分析【Column 08】によって予測する式を導いていますが、告白相手との友人尺度の得点（ルービンの好意尺度）が高くなると告白失敗率が高くなることがわかりました。

また、コープランドとルイスは『モテる技術［入門編］』（２０１４）という、まあ身も蓋もないタイトルの本の中で、モテるための11のルールを示していますが、その中の第9ルールは、「モテる男は、目当ての女性の友達になったり、相談に乗ったりしない」というものです。その理由の一つは「いったん友達の範疇に入れられてしまうとそこから抜け出すのは難しい」からだそうですが、まさにそのとおりでしょう。考えてみれば、昨日まで友達としてしか意識していなかった異性のいきなりの告白ほど、決まりの悪いものもないでしょう。
　ということで、交際したいなら、あまり時間をかけずにアタックしてしまったほうがいいというのがここからは読み取れます（ただし、実際に恋人関係になってしまった後は、第１章で述べたように友人的な行動が関係を進展させるためには重要になってくることに注意してください）。

Column 08

回帰分析、重回帰分析、ロジスティック回帰分析とは何ですか？

【Column 03】で、「物理」の得点と「数学」の得点に関連があるというお話をしましたが、そうだとすれば、数学の得点からその人の物理の得点を予測できる式を作ることができます。たとえば、①のような式です。実際には統計的な分析によって、このβやαのところにもっとも予測がうまくできるような数字を推定して入れます。そのため、予測のための式は②のような形になります。このような式を導く統計解析を回帰分析といいます。
　さて、ここでは、数学の成績から物理の成績を予測したのですが、さらに何科目かのデータを使えば、より正確に物理の成績を予測できる可能性があります。いま、ここで「物理」は従属変数、「数学」は独立変数というのですが、独立変数を増やすわけです。その結果、複数の独立変数から「物理」の成績を予測する式をやはり統計解析で③のように求めることができます。このような分析を重回帰分析といいます。

ここまで挙げた回帰分析や重回帰分析は、いずれも数字から数字を予測するという形のものでしたが、従属変数も独立変数もカテゴリーを使用することが可能です。たとえば、従属変数に「物理の得点」でなく「○○大学受験の合否」を持ってきたり、独立変数に「化学の得点」でなく「運動部に所属していたかどうか」を使用することもできます。このような場合には、ここで挙げた回帰分析や重回帰分析でなく、少し方法の異なった、ロジスティック回帰分析というものを使用します。ただ、その考え方や結果の見方は回帰分析とほぼ同様です。

①物理の得点＝β×数学の得点＋α

②物理の得点＝0.754×数学の得点＋12.5

③物理の得点＝0.524×数学の得点＋0.454×化学の得点＋0.233×英語の得点－7.2

二人の関係がどこまでになったら告白すべきなのか

「告白するなら早いほうがよい」とはいっても、告白に実際に影響しているのは、単なる時間経過ではなく、その間に相手とどのような関係を築いたのかということだと思われます。お互い話もしたことがない状況での告白は、かなりの確率で玉砕してしまうというのは確かでしょう。

では、二人の関係がどの程度になったら「告白のタイミング」になるのでしょうか。渡邊さんは告白成功群と失敗群に分け、告白の時点でどのような行動をしていたのかを集計してみました。それを【表４－04】に示します。この結果を見ると、グループで楽しく遊んだり、相談に乗ったりしてあげるとか、家族の話をするなどの友達としての活動は、いくらやっていても告白の成否にはあまり影響ないということがわかります。

告白の可能性を上げるのは、「用もないのに」会ったり、電話したり、メールしたりすることや、二人でプライベートな時間を共有することだということがわかります。逆に言えば、これらの行動が生じるような進展になったときこそ、告白のチャンスであり、ここまで至っていなければ、まだ告白は時期尚早ということになるでしょう。

表4-04 告白成功群と失敗群における告白前の行動経験率（%）
（渡邊，2014）

統計的に違いのあるもの

	失敗群	成功群	有意差
特別な用がないのにメールする	43.8	74.4	**
デートをする	25.0	64.1	**
二人で食事に行く	28.1	64.1	**
恋愛観にまつわる話をする	18.8	43.6	*
からだに軽く触れる	21.9	43.6	+
特別な用がないのに電話する	12.5	35.9	*
二人でお酒を飲みに行く	6.3	30.8	**
特別な用がないのに会う	9.4	28.2	**
手をつなぐ	3.1	28.2	**

（** $p < .01$；* $p < .05$；+ $p < .1$）

統計的に違いのないもの

	失敗群	成功群
共通の友人の話をする	84.4	87.2
相手の相談を聞く	43.8	61.5
子どもの頃の話をする	31.3	46.2
お互いの家族の話をする	37.5	43.6
個人的な悩みを打ち明ける	28.1	41.0
グループで遊びに行く	53.1	38.5
グループで食事に行く	34.4	38.5
プレゼントのやりとりをする	21.9	28.2

告白は何時にすれば成功する？

また、栗林（２００４）は、告白した時間帯と告白の成否についてのデータも報告していま す。時間帯が告白に影響を与えるというのは、一見考えにくいのですが、ここでも一つの傾向が現れています。

まず、さすがに朝や午前中に告白する人は少なく、午後や夜に告白する人が多いのですが、失敗群は午後に告白した場合が多く、成功群は夜に告白した場合が多いというのです。これはどういうことなのでしょうか。大学生に意見を求めてみるとだいたいこういうことだそうです。

大学生にとっての午後はかなり忙しくスケジュールが詰まっている時間帯です。しかも、どちらかというと恋愛モードではなく、部活モードや勉強モードになっています。そのため、このタイミングで告白されても、それに対処する時間的余裕も精神的余裕もないし、そもそも準備もできていないことが多いわけです。このような状況では、とくに自分のほうもよほど相手に気があるなどのシチュエーションでない限り、困惑してしまい、否定的な返事になってしまう可能性が多いというのです。

一方、夜間というのは比較的時間の余裕もあり、また、そもそも夜間の告白の場合には、学校や学食、部室などのチープな場所でなく、それなりに雰囲気のいい場所で気持ちの余裕がある状態で告白が行われていると考えられます。ということで、成功の可能性が増大するのだと

4

思われます。

もちろん、このようなメカニズムなので、時間だけが重要ではないことに気をつけてください。たとえ18時以降でも、汚い部室での告白や相手がアルバイトに行く直前の告白は、おそらく成功確率を低下させてしまうと思われます。

また、渡邊さんは「今日こそ、告白するぞ」と決心してデートに臨むことは、逆に成功率を低めるというデータを報告しています。むしろ、状況が整ったと思ったときに、事前計画なしに自然に告白するほうが成功率が上がるのです。これも、「今日告白しなくてはならない！」と時間的にタイミングを区切ってしまうと、状況や雰囲気が整っていないところでの告白になってしまいやすいからだと思われます。

02
恋愛における戦略的自己呈示
女性はイケメンの前では少食になる

みなさんは初対面の人などに好印象を持ってもらいたいと思って、ちょっと「自分を演じてしまう」ということはないでしょうか。普段は男勝りでどちらかといえば積極的で奔放な女性なのに、合コンになると控えめでおとなしいお嬢様を演じるなどの例です。

じつは多くの人が多かれ少なかれ、このような演技を行っています。他人に好印象を与えるためにいつもと違った自分を演じてみせたり普段と行動を変えたりすることを、戦略的自己呈示といいます。

この戦略的自己呈示を実験的に示した研究として、プリナーとチェイケン（１９９０）の研究があります。男性から見て、女性は一般にあまり大食だと魅力が低下してしまいます。やはりちょっと控えめの少食の女性のほうが「女性的で魅力的」と考えられることが多いでしょう。そこでプリナーらは、女性にクッキーを食べさせる試行を行うと、同性の人と一緒の場合よりも男性と一緒の場合のほうが、食べるクッキーの量が減少するのではないかと考えました。

「『課題遂行と空腹感』の実験に参加してください」として応募してきた女性の参加者は、男

図4-02 女性参加者はイケメンの前で少食になる実験結果
(Pliner & Chaiken, 1990)

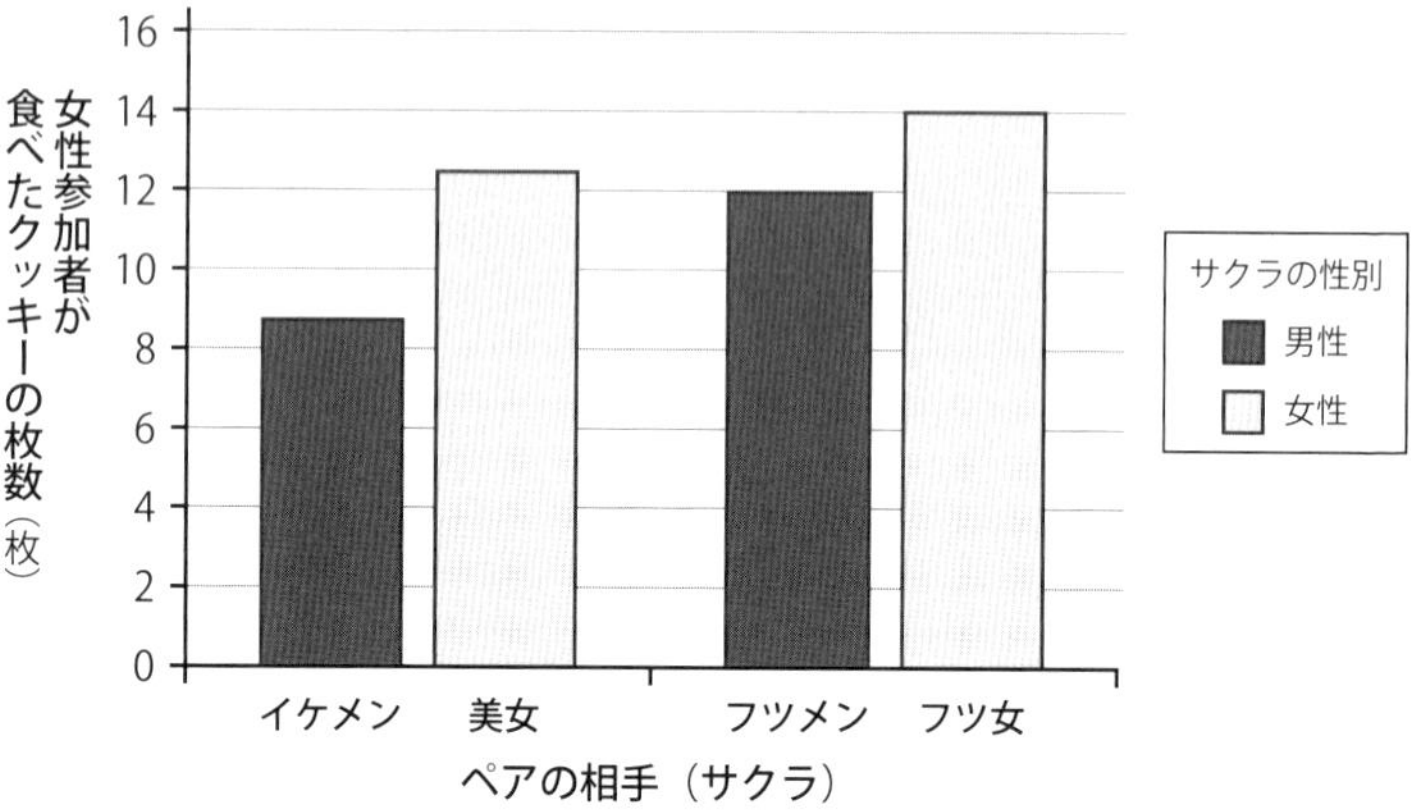

性かあるいは女性とペアを作ります。そして、テーブルの上に載っているさまざまにトッピングされたおいしそうなクッキーを、おなかがいっぱいになるまで食べるように要求されます。

じつは、このペアの人物はあらかじめ仕組んであるサクラです。サクラは、クッキーをあらかじめの打合せどおりに15枚食べます。このとき、参加者の女性が何枚のクッキーを食べるのかが測定されました。また、もし相手が魅力的な男性であった場合、普通の男性よりもより自分をよく見せたくなると考えられますので、食べるクッキーの量はより少なくなることが予想されます。

そこで彼女らは、男性の半分をイケメンの男性、半分をフツメンの男性にしてみました。また、女性についても半分を美しい女性、半分を普通の女性（フツ女）にしてみました。この実験の結果を【図４－02】に示します。この図を見てわかるように、女性は、ペアが男性である場合に、しかもイケメンである場合に、食べるクッキーの量が減少することがわかりました。

モテるためならバカにだってなるわ

では、人から好印象を持ってもらうため、モテるためには、人はどんなことまでするのでしょうか。

ザナとパック（１９７５）は次のような興味深い実験を行っています。この実験では、実験に参加してくれた女性に、「これから男性と会って話してもらいます」と言ってあらかじめ男性の写真を女性に見せます。示される男性には2つの条件があり、一つの条件ではイケメンの男性が示されます。一方もう一つの条件ではフツメンの男性が示されます。

また、これらの男性の好みのタイプについての記述も示されます。これにも2種類のものがあり、一つの条件では男性は「野心的な女性」が好きである、と書かれています。もう一つの条件では「家庭的で控えめな女性」が好きである、と書かれています。野心的な女性とはすなわち、男勝りでバリバリ仕事をしそうな女性のことで、「家庭的で控えめ」というのは、男性よりも一歩遅れてついていくというタイプのことでしょうか。この時点で4種類の条件があるわけです。

図4-03 「モテるためならバカにだってなるわ」実験の結果
(Zanna & Pack, 1975)

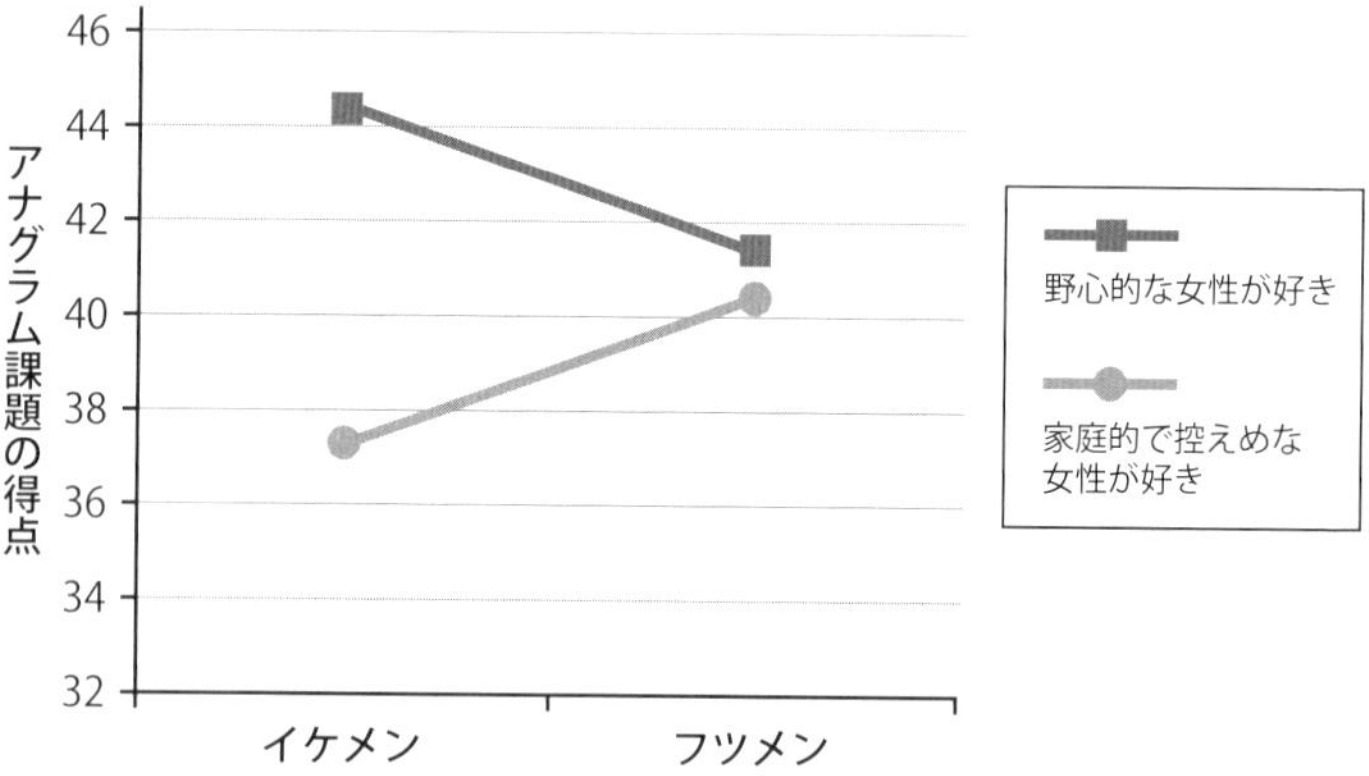

さて、次に女性には、アナグラムというパズルの問題が課せられます。アナグラムとは「んしがりく」などの文字を入れ替えて、「しんりがく」という単語を作っていくものです。女性がこのアナグラムでどの程度の得点を取ったかは、男性に伝えられる、と教示されます。

ザナらが問題にしたのは、このような条件下で、女性がアナグラム課題をどのくらい一生懸命解くかという問題です。ザナらはこう考えました。

この後、会う予定の男性がフツメンの場合、女性は特別にその男性によく思ってもらう必要がないため、普通にアナグラムを解くだろう。ところが、相手の男性がイケメンだった場合には、相手に好かれるようにするだろうということです。

「野心的な女性」が好きな男性に好かれるためには、アナグラム課題も一生懸命やって、頭の切れるところを見せたほうがいいと思われます。一方、「家庭的で控えめな女性」が好きな男性に好かれるためには、あまり高い得点を取って男勝りであるというところを見せないほうがいいかもしれません。そのため、このような場合には、女性はアナグラム課題を行うときに少し手を抜くかそれほど一生懸命やらないのではないかと考えられます。

この実験の結果を、【図４－03】に示してみます。彼らの予想どおり、会うはずの男性がフツメンだった場合、男性の好みのタイプにかかわらず女性のアナグラム課題の成績はほぼ同じだったのに対して、イケメンだった場合には、相手の好みによってアナグラム課題の成績が大きく異なってくることがわかりました。もちろん、相手が「野心的な女性」を好きな場合には頑張り、「家庭的で控えめな女性」が好きな場合には手を抜いたのです。

この研究で興味深いのは、条件によっては、好かれるためにわざとバカなふりをするということさえありうるということです。

女性に特有な成功を回避する動機

じつは、他人からよく思われるために、わざと一生懸命やらなかったり一番になることを避けたりするということのような行動は、女性にはしばしば見られます。男女差別は確かに昔に比べて少なくなったかもしれませんが、男性よりも優れている女性はときに男性側から「面白くない」と見られる傾向は、いまでもなくなったわけではありません。そのため、女性はトップに立ったり男性を抜かしたりすることを故意に避ける傾向があると指摘されています。これを成功回避動機といいます。

これも一種の戦略的な自己呈示であるということができますが、一方で女性の可能性や活躍の場が制限されてしまうおそれがあるのではないかとも指摘されています。たとえば、多くの共学の大学では、男女比はほぼ拮抗しているのに対して、各サークルや部活動の代表者の多くは男性です。

現在、「男子大学」はほとんどなくなってしまったのに、「女子大学」は数多く存在していますが、これは男性のいない環境で女性が制限や成功回避動機なしに自分の能力を発揮できる重要な機会を提供することができる場だからというのも、一つの理由であると考えることができるでしょう。

恋人の前では弱い女／強い男を演じます

さて、戦略的自己呈示の実験については、我々の研究室でも風間さんが行っています。一般に女性は、力強く頼りがいがあるよりも、か弱く男性に頼るほうが、男性からはモテると思われます。とすると、女性は、恋愛中の恋人がそばにいる場合には、少しか弱い女を演じる可能性があります。

図4-04　異性とホラー映画を観る実験の結果（風間，2010）

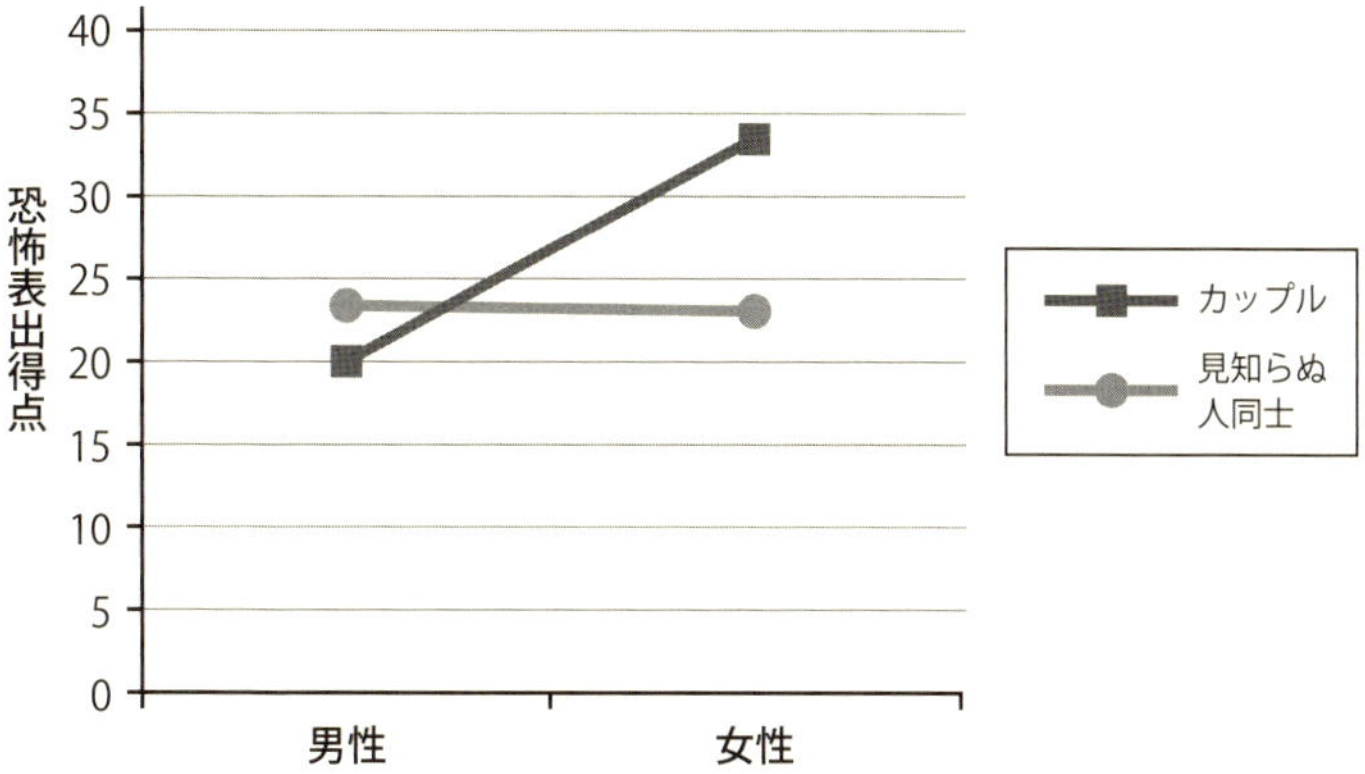

そこで、女性を見ず知らずの男性とペアにしてホラー映画を見せた場合と、恋人と一緒にホラー映画を見せた場合の女性の行動を比較してみました。具体的には、ホラー映画を見ている最中のカップルの様子をビデオで撮影し、何人かの評定者によって女性がどの程度怖がっているのか、たとえば「キャー」と言ったり目を閉じたりする行動を、あらかじめ決められた基準によって得点化してみたのです。

その結果、予想どおり、女性は恋愛中の相手と一緒に映画を見ているときのほうが、怖がっている行動をしていることがわかりました。

また、興味深いのは男性の行動です。女性とは逆に、男性はちょっとくらい怖い場面でも動じないほうが「頼りがいがあって、魅力的」であると思われます。やはり、同様な基準で男性の恐怖表出を得点化したところ、男性は女性とは逆に、恋人の前では恐怖をより表出しなくなることがわかりました。つまり、恋愛中のカップルは、ホラー映画を見たとき女性はより怖がり、男性はより動じなくなるわけです。

ちなみに行動はこのような変化を示すわけですが、「その映画はどのくらい怖かったですか」と質問してみると、恋人と一緒でも他人と一緒でもほとんど差は生じませんでした。

第5章
恋は盲目の心理学

01

愛の結晶化作用

スタンダールの「愛の結晶化作用」と「恋愛結晶化尺度」

フランスの文豪スタンダールは、『恋愛論』という名著を書いています。そこでは恋愛について、現代でも当てはまるような鋭い考察が多数なされているのですが、その中でもっとも有名なのは、「愛の結晶化作用」でしょう。

彼は、ザルツブルクの塩坑に小枝を投げ込んでおくと、数か月後には小枝が塩の結晶におおわれて、ダイヤモンドのように輝くようになるという現象をたとえに出しながら、恋愛において、相手の素敵な点や理想的な姿だけを何度も何度も反芻して考え続けると、相手に関する印象がだんだん純化されてきてしまい、愛がダイヤモンド（あるいはザルツブルクの小枝）のように育っていってしまうという現象について、このように言ったのです。

このような体験は、多かれ少なかれ多くの人がしたことがあると思いますが、その程度はさまざまです。そこで我々は、この愛の結晶化作用の個人差を測定するための**「恋愛結晶化尺度」**を構成してみました。これは、大きく分けて2つの因子（要素）から構成されています。

一つは「反復想起」傾向で、何度も何度も相手のことを考えてしまう程度についての尺度です。

もう一つは「侵入思考」傾向で、これは日々の生活の中で、意図しないのに相手のことが頭の中に出てきてしまって活動が妨害されてしまったりする傾向のことです。

さっそくあなたも、自分の愛の結晶化傾向の得点と偏差値を計算してみてください。

恋で仕事が手につかなくなるのはむしろ男性

では、愛の結晶化に性差はあるのでしょうか。これを分析してみたところ、興味深いことがわかりました。それは、意図的に相手のことを考える反復想起に関しては性差は生じなかったのですが、侵入思考については、男性のほうが女性よりも点数が高かったということです。

通常、恋愛においては女性のほうが「うつつを抜かしたり」、それに振り回されたりするという印象がありますが、侵入思考という、もっとも愛に振り回される行動が、男性のほうが平均点が高いというのは興味深いところです。恋で仕事が手につかなくなるのはむしろ男性のほうが多いわけです。

また、恋愛のフェイズごとに分析してみると、反復想起は二人の関係が進展していくに従ってその得点が上昇していきましたが、侵入思考についてはその反対に、関係が進展していくに従って得点が低下していく傾向にありました。これは、関係が進展していくに従って、相手のことを考えることがコントロール可能になってくるという状態を意味しています。みなさんも、「彼（彼女）のことを考えてはいけない、いけない」と思っているのに相手が心の中に浮かん

	よく当てはまる	当てはまる	やや当てはまる	どちらでもない	あまり当てはまらない	当てはまらない	まったく当てはまらない
❶	7	6	5	4	3	2	1
❷	7	6	5	4	3	2	1
❸	7	6	5	4	3	2	1
❹	7	6	5	4	3	2	1
❺	7	6	5	4	3	2	1
❻	7	6	5	4	3	2	1
❼	7	6	5	4	3	2	1

反復想起傾向の合計＝　　点

❶	7	6	5	4	3	2	1
❷	7	6	5	4	3	2	1
❸	7	6	5	4	3	2	1
❹	7	6	5	4	3	2	1
❺	7	6	5	4	3	2	1

侵入思考傾向の合計＝　　点

解説

▶表5-01　恋愛結晶化尺度の平均点と標準偏差

	男性	女性
反復想起	29.87 (7.47)	29.70 (8.36)
侵入思考	18.00 (6.86)	16.42 (7.21)

（カッコ内は標準偏差）

技術的な解説➡ p.259

心理尺度⑥　恋愛結晶化尺度

Q ○○のところに相手の名前を入れて以下の項目について「よく当てはまる」から「まったく当てはまらない」までの中から該当するものを選んで回答してください。（7段階）

反復想起傾向（結晶化第1因子）

❶ ○○と会っている時に起きた楽しいことを考えることが多い
❷ ○○から言われたうれしい言葉を頭の中で何度も繰り返して考える
❸ 毎日、○○のことを考えている
❹ ○○以外の人のことを考えることはほとんどない
❺ ○○のことを考えると、会えなくても近くに感じる
❻ ○○がいまここにいるように想像することができる
❼ ○○とのデートの後にその日の出来事を何度も考える

侵入思考傾向（結晶化第2因子）

❶ 考えないようにしても○○のことを考えてしまう
❷ ○○のことが頭の中から離れなくなることがある
❸ ○○のことを考えて眠れなくなることがある
❹ ○○のことを考えると他のことに集中できない
❺ ○○のことを途切れなく考え続けている

できてしまう（侵入してきてしまう）事態は、恋愛の初期により発生しやすいのではないでしょうか。

美人・イケメンは自分の思いを結晶化しやすい

では、結晶化傾向と外見的魅力はどのような関係にあるのでしょうか。愛する人のことを考えすぎてしまうのは、美人・イケメンが多いのでしょうか、そうでない人が多いのでしょうか。これに関しても、美人やイケメンはモテるし、恋愛において自分の自由になることが多いので、どちらかといえば美人でない人のほうが結晶化傾向が大きいように思われます。また、「相手のことをどのくらい頭の中で考えるかなどということが、外見と関係あるわけがないじゃないか」という考えを持つ人もいるかもしれません。

ところが「あなたは異性から見てどのくらい魅力的ですか」という質問に対する答えを7段階で答えさせ、その答えと結晶化傾向の関連を調べてみたところ、予想外の結果が現れました。自分のことを美人やイケメンだと思っている人のほうが、結晶化傾向が大きかったのです。じつは、このような傾向は、第6章で取り上げる恋愛妄想（空想）傾向でも見られています。

愛の結晶化は恋愛を促進するか

では、愛の結晶化作用は、恋愛を促進したり良い方向に導いたりしてくれるようなものなのでしょうか。

愛が結晶化すると、確かに相手に対する愛情は高まりますが、これは必ずしも良い側面だけではありません。なぜなら、あなたの心の中にある相手は、ありのままの相手ではなく、どんどん理想的な存在になってしまうからです。そのため、実際に本人に会ってみるとなんだか想像とのギャップを感じてしまう可能性もあります。このギャップの認知は、恋愛には阻害的に働くことが多いと考えられるので、過度な結晶化は恋愛には危険かもしれません。

愛の結晶化はとくに、ある程度の長い期間相手と会わない場合に生じやすいと思われます。そのため、長距離恋愛において「会っていない間は相手のことがすごく好きだったのだが、実際に長距離恋愛が解消し、毎日会えるようになったら、相手への好意が減少してしまい、別れてしまった」というような状況が発生する場合があります。このあたりも心当たりがある人が多いのではないでしょうか。

02

恋は本当に盲目なのか ——Love is Blind効果

「今彼《イマカレ》は元彼《モトカレ》よりもいい男」バイアス

さて、告白もうまくいき、交際が始まったとしましょう。交際中のカップルを観察すると、「恋は盲目」的な状況が観察される場合が少なくありません。これは、一度恋愛状態になってしまうと、交際相手以外の周りのものが見えなくなってしまうという現象や、交際している相手を実際以上にすばらしい人間だと思い込んでしまう、まさに「恋に酔った」状態だということができるでしょう。あなたの近くにも、とんでもない男に夢中になってしまい、周りがいくら「あんな男とつきあうのやめたほうがいいよ」と言っても聞く耳を持たない女性は、一人くらいはいるのではないでしょうか。

ここではこの「恋は盲目」状態を検討してみることにしましょう。まず、その現象を客観的に観察できるのかを調査します。「恋は盲目」現象が本当に存在するとすれば、現在交際している恋人については、現在交際していない元恋人に比べて、よりハンサムであると感じている可能性があります。この現象が観察されるかどうかを検討してみました。

現在交際している男性がいる女子大学生314人と、過去に交際した男性がいる女子大学生

表5-02「いまつきあっている彼氏はいい男」バイアス

いま交際中の彼氏	過去に交際した彼氏
3.84（1.19）	3.19（1.33）

（カッコ内は標準偏差）

２８６人の合計６００人に、その交際相手の外見を「非常に魅力的である＝７点」から「まったく魅力的でない＝１点」まで、７段階で評定してもらいました。過去に交際経験のある人には、一番最近つきあった男性を評定してもらいました。

その結果、【表５－02】のように、現在交際中の彼氏のほうが有意に魅力的であると評定されることがわかりました。これは現実に、いま交際中の彼氏のほうが本当にいい男が多いという可能性もあるものの、おそらく、現在つきあっている彼氏が現実にかっこよく見えてしまっているというバイアスであると考えられます。

次に、横軸に別れてからの年月を取り、縦軸に相手に対する魅力度評定値を取ってグラフを描いてみました。【図５－01】を見ると、交際期間中は「いまつきあっている彼氏はいい男」バイアスがかかっていますが、別れた直後には、その評価は急激に下降し、しばらくたってくるとその中間くらいの値に落ち着いてくることがわかります。これを見ると、別れの直後には「別れたての男はダサメン」バイアスという逆方向のバイアスがかかっている可能性もあるといえるかもしれません。

図5-01 別れた期間と交際相手の魅力度の評定値の関係（７段階評定）

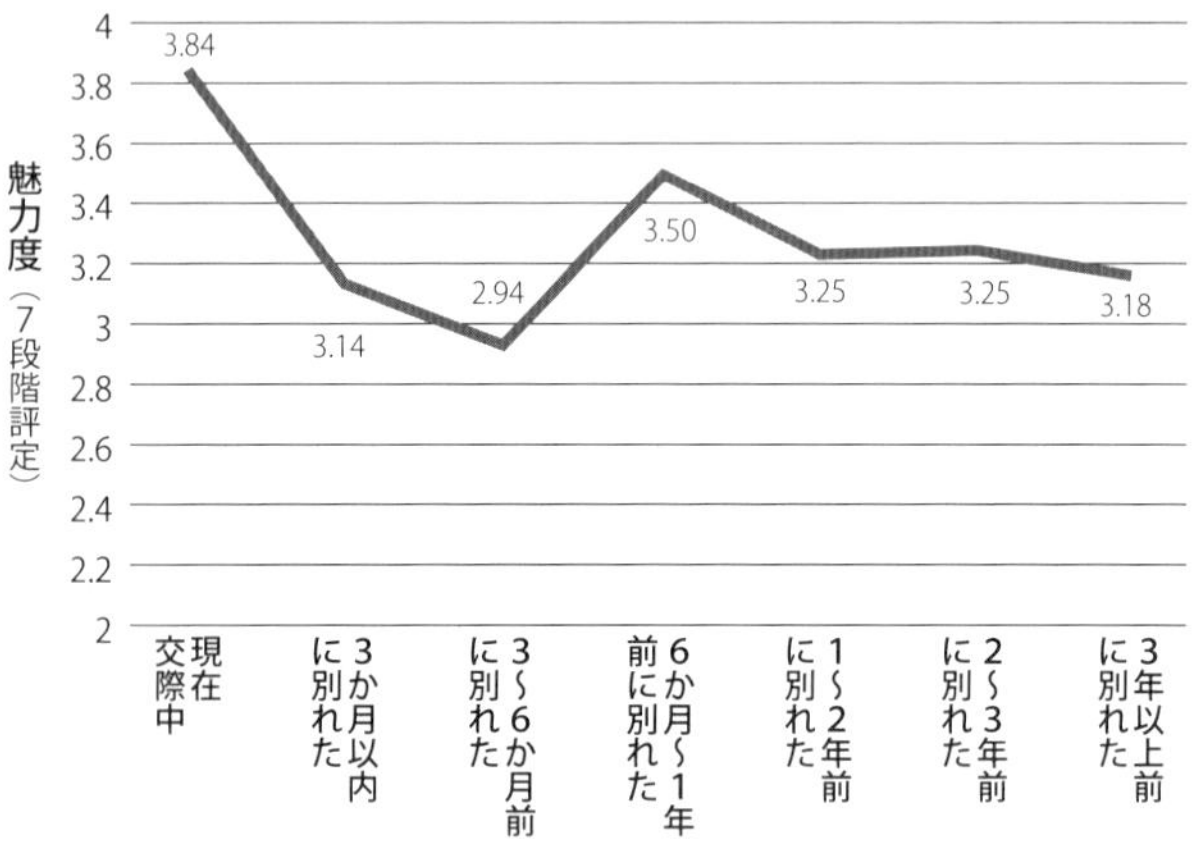

「いまの愛は昔の愛より深い」バイアス

また、同様のことが愛の性質についてもいえる可能性があります。つまり、過去の恋愛に比べていまの恋人との愛は、よりロマンティックで素敵なものだと感じるバイアスがかかる可能性です。このバイアスを確認するために、やはり先ほどの女子大学生たちに、相手に対する気持ちを第1章で紹介したリーのラブスタイル質問紙によって評定させてみました。

その結果、いま交際中の彼氏に対しては、過去の彼氏よりもエロス、ストルゲ、プラグマ、マニア、アガペは大きく、ルダスは小さいということがわかりました【表5－03】。つまり、過去の男は遊びだったけど、いまの彼氏は、より惹かれ合っ

表５-03　昔の彼といまの彼とのラブスタイルの違い

	いま交際中の彼氏	過去に交際した彼氏	有意差
エロス	13.41	10.51	**
ルダス	8.69	10.02	**
ストルゲ	11.46	10.51	**
プラグマ	12.75	11.83	**
マニア	10.72	9.41	**
アガペ	11.56	9.71	**

（**　$p < .01$）

ているし、より情熱を感じるし、よりすべてを捧げたいし、より自分にとっていろいろと役に立つ男だと思っていることがわかります。

「自分たちだけが幸せ」バイアス

マーツら（１９９８）は、交際中のカップルに対して、「自分たちのカップル」「友人のカップル」「世間一般のカップル」が、「どのくらいすばらしい関係を築いているか」「将来の展望がどれほど明るいか」「二人の関係がどのくらいコントロールできているか」について、９段階で評定させました。

その結果を【図５－02】に示してみます。興味深いことに、カップルは自分たちが世間一般のカップルや友人のカップルに比べて、すばらしい関係で、未来は明るく、関係もコントロールできていると答えました。つまり、

図5-02 「自分たちだけが幸せ」バイアス実験結果
(Martz et al., 1998)

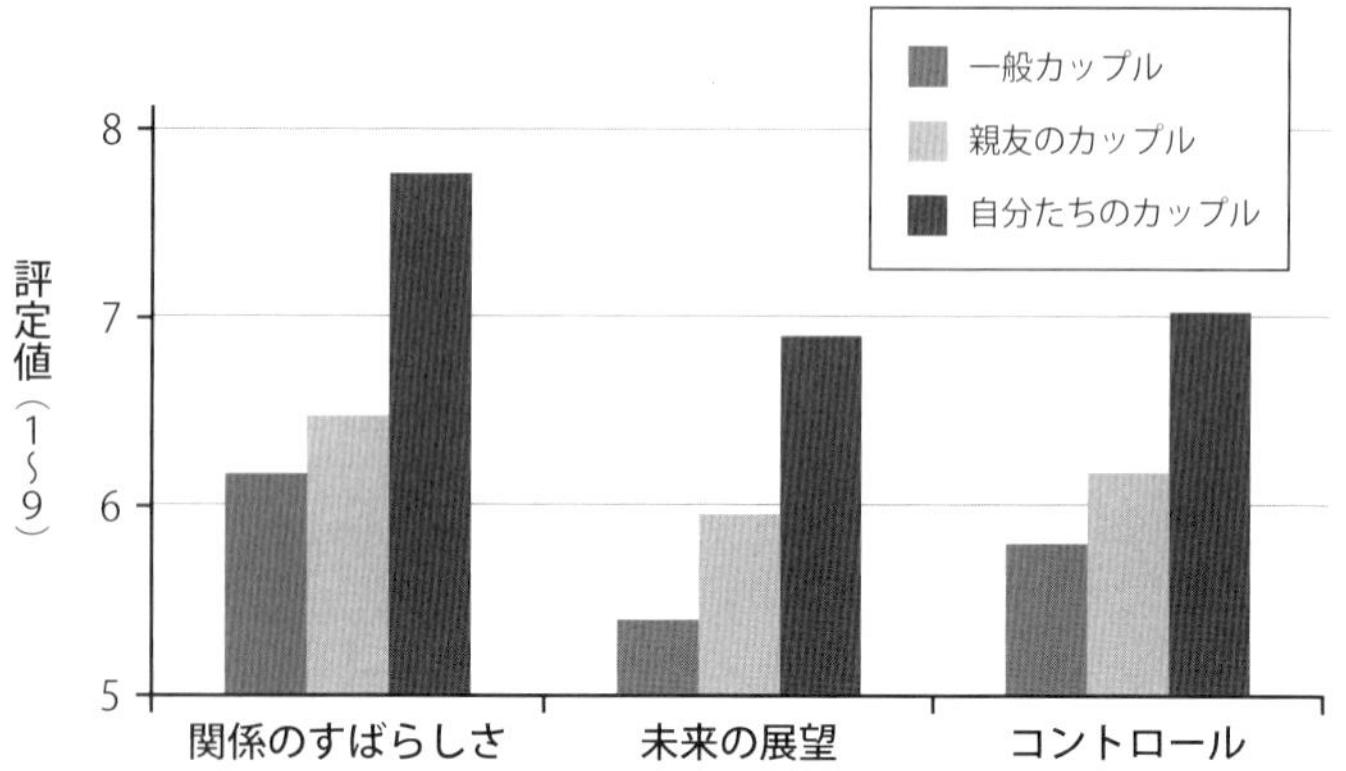

「自分たちだけが幸せ」バイアスです。

この結果は、非常に再現性が高い現象です。我々の研究室も、現在交際中の日本のカップル600組を対象にして同様の実験をやってみました。彼らに、自分たちカップル、友人カップル、世間一般のカップルがどの程度幸せであるかについて7段階で評定してもらいました。その結果、【表5-04】のようになり、マーツらの研究と同様に、世間一般のカップル＜友人カップル＜自分たちのカップルの順で幸福度が大きくなる傾向が見られました。

ちょっと面白かったのは、男性は交際相手の女性よりも自分が幸せだと考えており、女性は、自分よりも交際相手の男性のほうが幸せだと考えている点です。男性のほうが恋愛で幸福感を味わっているというデータですが、これも従来のステレオタイプ的な考えとは逆

表５-04　自分、相手、友人カップル、世間一般のカップルの幸福度評定値（７段階評定）

	自分たちカップル		友人カップル	世間一般カップル
	自分	相手		
男性	5.15	5.04	4.84	4.78
女性	4.83	5.01	4.76	4.61
平均	4.99	5.03	4.80	4.70

のような気がします。

また、（自分たちカップルの幸福度－世間一般のカップルの幸福度推定値）を「自分たちだけが幸せ」バイアスとして、他の恋愛尺度との相関を取ってみたところ、リーのラブスタイル尺度のエロスの得点とこのバイアスに $r=0.23$ の相関が見られました。また、友情尺度との得点との間には、$r=0.31$ の相関が見られました。一方で尊敬得点（$r=0.14$）や愛情得点（$r=0.13$）との間にはそれぞれ相関は見られましたが、いずれもそれほど高い相関ではありませんでした。つまり、「自分たちだけが幸せ」バイアスがかかるためには、「愛している程度」よりも、むしろ「日々一緒に楽しく過ごしている」ことが重要であるということです。

さらに、カップルは関係が進展していくに従って、次第に「自分たちだけが幸せ」バイアスの程度も大きくなっていくことがわかりました。これを関係強化バイアス（relationship enhancing bias）といいます。さらに、自

表5-05 魅力の自己評定とパートナーからの評定（7段階評定）
(Barelds-Dijkstra & Barelds, 2008)

男性	自己評定	パートナーからの評定
魅力度	4.6（1.1）	5.6（1.1）
異性から見た魅力度	4.5（1.0）	5.1（1.2）
女性		
魅力度	4.6（0.9）	5.9（1.0）
異性から見た魅力度	4.6（1.1）	5.5（1.1）

（カッコ内は標準偏差）

分が幸せになってくると、世間一般のカップル（r＝0.62）や、友人たちのカップル（r＝0.57）も、より幸せだと感じるようになるということもわかりました。つまり、世の中全体がバラ色に見えてくるという「人生バラ色（La Vie en rose）効果」が生じるわけです。

「自分のパートナーは美人／イケメンだ」バイアス

バレルズ夫妻（2008）は、ドイツ在住の結婚または同棲している93組、186人のカップルを対象にして、パートナーの魅力度をたずねる研究を行いました。まず、お互いに「自分自身はどの程度魅力的だと思うか」と「異性から見て、どの程度魅力的だと思うか」について7段階で評定させました。次に、自分のパートナーについて同様にその魅力度と異性から見た魅力度についても評定させました。そして、その結果について、自分自身の評価とパートナーからの評価を比較してみたのです。

その結果、男性、女性ともに、自分自身が考えているよりもパートナーからの評価のほうが高いということがわかりました【表５－05】。つまり、パートナーはあなたのことを自分が思っているよりも美人、あるいはイケメンだと思っているということです。これも「恋は盲目」効果の一つだと考えられます。

恋は普通の顔をアップグレードして知覚させる

バレルズ夫妻の研究は非常に興味深いのですが、一つ気になることがあります。それは、そもそもカップルたちの客観的な魅力度はどのくらいなのかという問題です。

そこでバレルズら（２０１１）は、次に客観的なデータも含めて、この問題を検討しました。対象となったのは、ドイツ在住の70組のカップルです。カップルの平均交際期間は２・５年でした。先ほどの研究と同様に、彼らに自分自身の魅力度とパートナーの魅力度を7段階で評定させました。それに加え、４人の評定者（男女２人ずつ）がこれらカップルの全身写真を見ながら、その魅力度を7段階で評定しました。

結果を【表５－06】に示します。やはり結果は【表５－05】と同様で、パートナーの外見的魅力を高く評価する「恋は盲目」効果が見られています。しかも、客観的評価は男女とも3・5くらいだったのに対して、そもそも自己評価がけっこう甘く（この原因は、恋をしていると自分の魅

表5-06 魅力の自己評定とパートナーからの評定（7段階評定）
(Barelds et al., 2011)

男性	自己評定	パートナーからの評定	客観的評定
魅力度	4.99（0.61）	5.83（0.86）	3.13（1.00）
女性			
魅力度	4.32（0.97）	5.80（0.78）	3.51（1.00）

（カッコ内は標準偏差）

力も高く感じられる「人生バラ色」効果かもしれません）、パートナーの評定はさらに甘くなっていることがわかりました。男性は、客観的評定に比べてパートナーの評定は7点満点のうち2・7点も高くなっていました。「恋は盲目」効果はかなり大きそうです。

恋愛中は他の異性にときめかない？

ミラー（1997）は、恋愛している最中には他の異性にときめかなくなるのかを実験してみました。実験に参加したのは、現在交際相手がいない女性、デートをするカジュアルボーイフレンドがいる女性、そして排他的な交際（他の人とデートしないで、ある一人の人とだけ交際している状態。一対一のステディな状態）をしている恋人のいる女性です。彼女たちに、ちょっとしたイケメンの写真を見せて、その写真の男性の魅力度とその男性とどのくらい会ってみたいのかについて、1～19点の19段階で評定してもらいました。

図5-03 交際中はいい男の魅力度が低下する実験結果 (Miller, 1997)

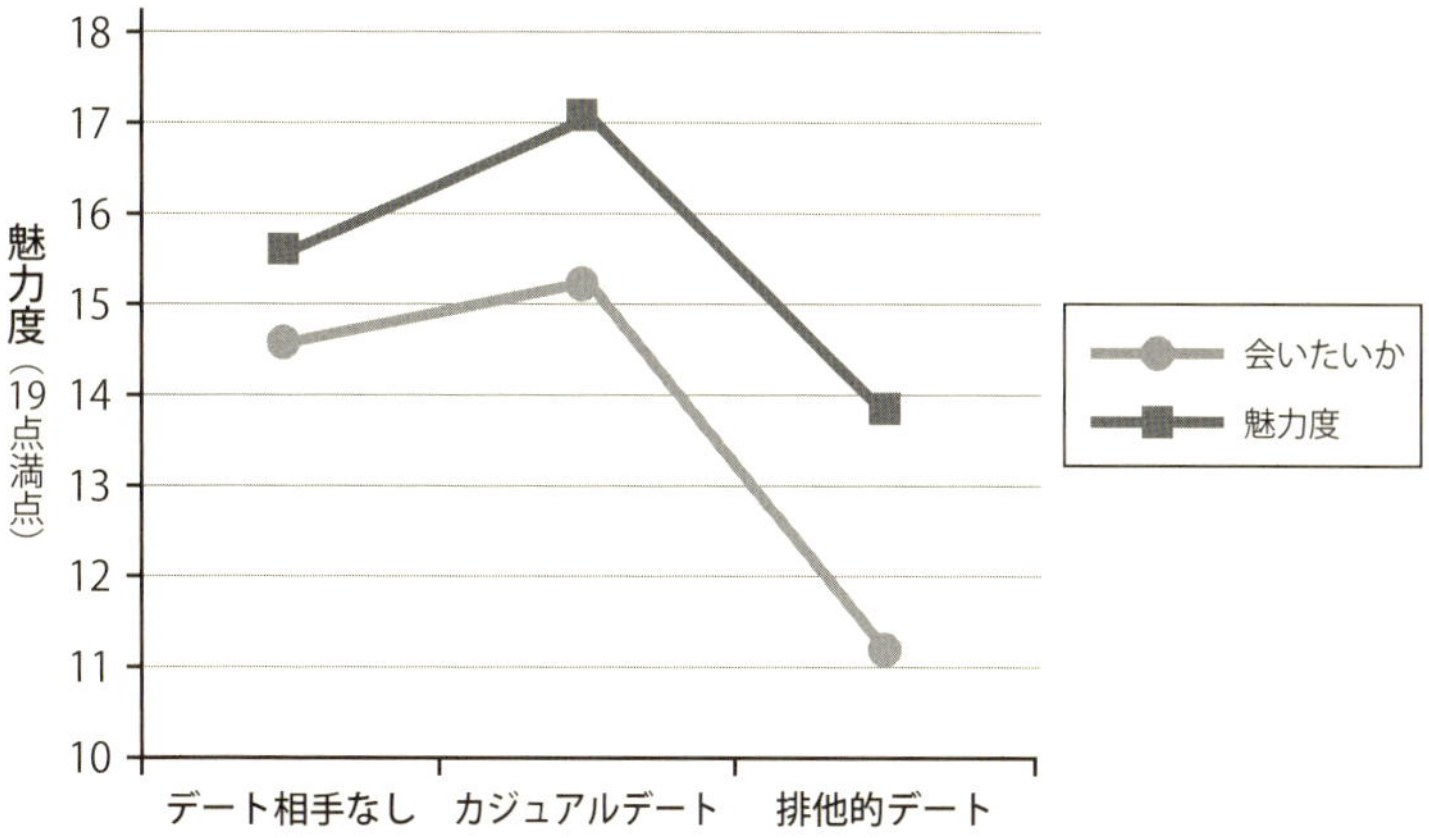

図5-04 交際中はいい男にときめかないという実験結果 (Miller, 1997)

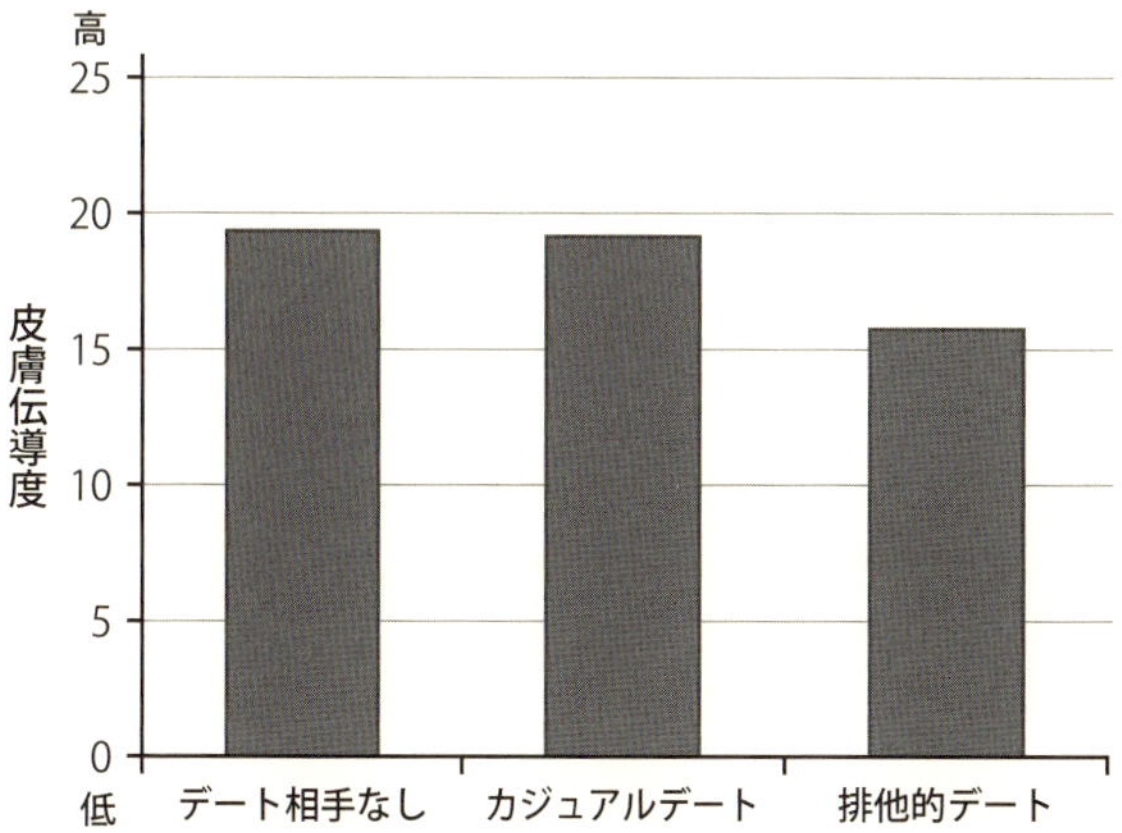

この実験の結果を【図5－03】に示してみます。なんと、排他的にデートしている恋人がいる人は、イケメンの写真を見てもあまり魅力的だと評価しないし、しかも、会ってみたくもないと感じていることがわかりました。

しかしまあ、恋人がいる手前、このように直接的に聞かれて「いい男だ」とか「会ってみたい」などと言うわけがないというのも十分考えられることです。そこで、イケメンの写真を見せているときの皮膚電気反応（ＧＳＲ）を測定しました。これは、その写真を見てどの程度「ときめいているのか」を、ある意味客観的に測定する尺度です。

ところが、この結果でも、排他的にデートしている恋人がいる条件では、値が小さいことがわかりました【図5－04】。この結果はつまり、恋人がいる場合、イケメンに出会っても本当に魅力的に見えなかったり、ときめいたりしないということを意味しています。

恋する二人にとって、他の人間関係は眼中にない？

二人が「恋は盲目」状態になると、彼らはいつも一緒にいることが多くなり、他の人を寄せつけなくなります。あなたの身近にも、彼氏・彼女ができたら急につきあいが悪くなったという友達がいるでしょう。また、みんなで宴会をしているのに、会場の隅や廊下で二人だけの世界を作りがちのカップルも少なくありません。本人たちが気づいているかどうかはわかりませんが、こういうカップルは周りにとってはけっこう迷惑ですよね（だから「サークル内恋愛禁止」などといったルールを設けているサークルも少なくないわけです）。

恋愛初期の絶頂期に生じるこのような排他的な関係は、確かに二人にとっては愛をはぐくむ重要な時間であると思いますし、そもそも「仲の良い異性の友達」と「恋人」の大きな違いは「独り占め」できているかということだという考えもあるので、しょうがないともいえるのですが、トータルに考えるとあまりよいことばかりではありません。

というのも、我々の生活はじつは多くの人に支えられて成り立っているからです。このような排他的な関係に陥ると、困難な状況になっても、恋人以外からサポートを受けることをあまり考えなくなってしまいます。たとえば、相馬と浦（２００７）は、もともと一般的な信頼感（他人に対して一般的にどのくらい信頼しているか）が低い人は、恋愛関係になるとすぐに、より容易に排他的な関係、つまり二人きりの完結した社会に突入してしまい、他者からの援助やアドバイスを閉ざしてしまうと指摘しています。このようなソーシャルサポートへの抵抗現象は、本人たちの幸福度やストレスへの適切な対処可能性を下げてしまう可能性があります。

また、第７章で述べますが、デートバイオレンスなどのカップル内での問題に遭遇した場合に、外部の援助を得るタイミングが遅れ、事態が悪化してしまうことも少なくありません。「恋は盲目」状態になっても二人の世界に閉じこもらず、適度に周囲との関係を維持していくことはやはり大切なことだと思われます。

5

Column 09

ブルーの目を持つ男性はブルーの目を持つ女性が好き

みなさんは、何色の目の人が好きでしょうか。日本人の多くは目（虹彩）の色がブラウン（濃褐色）なので、好みの人を選ぶときに目の色という要素はあまり考えないと思いますが、外国人にはさまざまな目の色の人がいるので、これは外見的魅力を決定する要因の一つかもしれません。そこでノルウェーのトロムソ大学のラエンら（2007）は、男性と女性の顔写真の目の色をコンピューターで「ブラウン」と「ブルー」に変えて、その顔の魅力度について評定させる実験を行いました。その結果、自分の目の色が「ブルー」の男性は、「ブルー」の目の色の女性に高い魅力を感じるということがわかりました。

興味深いのは、目の色が「ブラウン」の男性や、女性（目の色を問わず）にはこのような魅力と目の色の間の関連は見られなかった点です。なぜこのような現象が生じるのでしょうか。じつは目の色の「ブルー」は劣性遺伝なのです。これは、目の色がブルーの男性は、目の色がブルーでない妻が浮気して自分以外の男性との間の子どもを産んでしまっても、目の色からそれに気がつくことはないということを意味しています。これに対して、目の色がブルーの妻と結婚すれば、妻が（目がブルーでない）他の男性の子どもを産めばすぐ気がつくことになります。これが進化的に、ブルーの目の男性のブルーの目の女性選好効果を作り出していたのではないかというのです。

第6章

愛が壊れていく過程の心理学

01

愛はどのように終結していくのか

お互いの世界が異なると愛は終結しやすい

世の中に存在する恋愛のほとんどすべては、いつか「終結の時」を迎えます。たとえパートナーと結婚することができたとしても、離婚するカップルは驚くほど多いのが現実です。では、二人の関係はなぜ終結してしまうのでしょうか。

お互いが同じ生活空間にいて、毎日のようになんらかの交流がある場合には、二人の関係は安定しているかもしれません。しかし、お互いが別の生活空間を持つようになってしまうと、二人の関係に危機が訪れます。おそらく、生活の中でお互いが占めている社会的な役割が失われたり、他の人物で代替されたりすることによって、お互いの必要性や存在感が薄れていくのだと思われます。

たとえば、大学生女子にとっては、勉強ができて、なんでも相談に乗ってくれる同級生の彼氏は自分にとっては社会的にも情緒的にも重要な存在かもしれませんが、いったん就職してしまえば、彼氏が勉強ができることは自分にとってあまり役に立つものではなくなってしまいますし、また、相談に乗ってくれるといっても、お互い違う世界に生きるようになってしまえば、適切なアドバイスはなかなかできなくなっていきます。そのために次第に距離が生じていってしまうのはやむをえないのかもしれません。

愛が冷めていくという現象

恋愛初期には、相手のことを現実以上に理想化するようなバイアスがかかるというお話は第５章でしました。そのため、とくに恋愛初期にはまさに「あばたもえくぼ」という状態になっています。しかし、このような感情に基づいた判断は次第に減少してきます。どんな感情でも次第に「慣れ」が生じてくるからです。映画館ですごく感動した映画でも、ＤＶＤを購入して繰り返し観ると、最初の数回は新しい発見もあり、感動を新たにするかもしれませんが、次第に、心が揺り動かされたりワクワクドキドキしたりするという感情成分を感じなくなってしまうものです。恋愛もこれと非常に似たところがあり、初めは「えくぼに見えたあばた」も、ただのあばたに見えるようになり、さらには、「えくぼがあばた」に見えてくる瞬間が生じてくるかもしれません。

恋愛関係から感情成分が失われ始め、相手の欠点が見え始めると、我々が最初に行うことは、意図的に自分の認知を変容させて関係を維持させようとすることです。たとえば、相手のだらしない姿に対して、「この人は確かに靴を脱ぐときにそのままにしてだらしないけど、他のいいところもたくさんあるから、ここは許してあげなくちゃ」とか、「人間誰にでも欠点の一つくらいはあるのでしょうがない」と考えるようにするわけです。この段階のことを「内的取り組み段階」といいます。

この段階は、相手の欠点を自分の考えでなんとかしようという時期なのですが、次にやってくるのは、相手の欠点を相手になんとかしてもらおうという時期です。この時期には、相手の欠点について、あなたは相手に直接注文をつけ始めます。「脱いだ靴はちゃんとそろえろ」とか「スープを音を立てて飲むな」「人の宿題を写さないで自分でやってこい」などです。

このような時期になるとあなたは、相手との関係で自分がときどきイライラさせられることがあるのに気がつきます。また、相手も同じフェイズにいると、「おまえ（あなた）だって○○をなんとかしろ」という反論を食らってしまうこともあります。その結果としてケンカに発展したり、険悪な状況になってしまうこともありますが、おそらくこの段階では、まだ、お互いの行動を調整してうまくやっていく余地は大きいと考えてよいでしょう。この時期をうまく乗り切れるかどうかが、関係を継続できるかどうかの重要なステップになると考えられます。

さて、この時期をうまく乗り切れなかった場合、カップルはどのようになるのでしょうか。この次の段階になると、いままではとくになんとも思っていなかったことや、かえってチャーミングだと思っていたことが、欠点に思えてきます。相手のささいな行動まですべて欠点に見えてきてしまうのです。一緒にいてイライラすることも増えてくるでしょう。これは、相手との行動の食い違いや欠点についての調整の試みがもはや行えなくなっている段階であるといってよいかもしれません。このような段階になるともはや、二人の関係は別れに向かって加速していくことになります。

あなたとその交際相手は、上記のどの段階にいるのでしょうか。我々の研究室では、**「恋愛崩壊フェイズを測定する心理尺度」**を作ってみました。二人の関係に不安や不満を感じ始めたら、ぜひやってみてください。簡単な診断コメントもつけておきました。

「別れるきっかけ」の存在

さて、二人の関係がもはや修復できないのではないかという認知が生じると、別れの段階に入ってきます。では、人はどういうタイミングで別れるのでしょうか。

大坊（1988）は、二人の関係が終結する別れが一年のいつ生じるのかについて集計しています。その結果、もっとも多いのは年度末の3月だということがわかりました。これは日本における学校や会社のカレンダーと一致しているということが重要です。この時期には、学校生活では卒業や進級の時期ですし、社会生活では就職や転職、転勤などが生じる時期と重なります。つまりこのような「人生の節目」が別れを生じさせる一つの大きな原因となるのです。

ちなみにアメリカ人のカップルの別れは、6月に一つのピークを迎えるのですが（ヒル・ルービン・ペプロウ、1976）、これは、アメリカでは6月が卒業シーズンに当たるからです。

先ほど二人の世界が異なってしまうことが別れを生じさせる原因になるというお話をしまし

6

	よく当てはまる	当てはまる	やや当てはまる	どちらでもない	あまり当てはまらない	当てはまらない	まったく当てはまらない
❶	7	6	5	4	3	2	1
❷	7	6	5	4	3	2	1
❸	7	6	5	4	3	2	1

フェイズ１の合計＝　　　点

❹	7	6	5	4	3	2	1
❺	7	6	5	4	3	2	1
❻	7	6	5	4	3	2	1

フェイズ２の合計＝　　　点

❼	7	6	5	4	3	2	1
❽	7	6	5	4	3	2	1
❾	7	6	5	4	3	2	1

フェイズ３の合計＝　　　点

❿	7	6	5	4	3	2	1
⓫	7	6	5	4	3	2	1
⓬	7	6	5	4	3	2	1

フェイズ４の合計＝　　　点

解説

フェイズ１～４でもっとも得点が高いのが、あなたと交際相手の現在のフェイズです。

フェイズ１ ➡ 二人はまだのぼせ上がっている段階で冷静な判断ができません。この段階で結婚や妊娠を決めるのはまだ早すぎます。

フェイズ２ ➡ 相手を冷静に観察できる段階になってきています。もし、この段階で相手が受容できるのであれば、二人の関係は継続的にうまくいくでしょう。

フェイズ３ ➡ 自分の認知を変容するだけでは相手を受け入れることができなくなっている段階です。二人の関係が維持できるのか崩壊するのかが決まる重要なフェイズです。ケンカをする前にじっくりと話し合ってみましょう。

フェイズ４ ➡ いまは、別れのきっかけを待っていたり、探していたりする時期かもしれません。二人の関係を本当に維持したいのか、維持する必要があるのかを、もう一度じっくりと考えてみましょう。

Q あなたは、現在の交際相手についてどのように感じていますか？　７段階で回答してください。

フェイズ１

❶ 相手のすべてが愛おしくて欠点は見えない

❷ 相手の欠点もチャームポイントの一つであり愛おしい

❸ 相手には欠点があるが、そんな欠点はまったく問題ではない

フェイズ２

❹ 相手には欠点があるが、他にもいい点はたくさんあるので許してあげる

❺ 相手の欠点が目につくことがあるが、許してあげなくちゃと思う

❻ 相手には欠点があるが、人間誰にでも欠点があるので、それはしょうがない

フェイズ３

❼ つきあいを続けていくためには、相手の欠点をなんとかしてもらいたい

❽ 相手の欠点が目についてイライラさせられることが多い

❾ 相手に欠点をどうにかしろと注文をつけることが多い

フェイズ４

❿ 昔は相手の欠点と思わなかったことが、いまでは欠点だと思うようになった

⓫ 相手のちょっとしたしぐさや行動にイライラすることがある

⓬ 普通なら欠点に思えないことまで、相手の欠点に思えてしまうことがある

たが、もしそうだとすれば、すれ違いのプロセスは卒業後の4月1日から始まり、実際に別れが生じるのは5~7月くらいになることが予想されます。しかし、実際の別れ話はそれに先だって3月にもっとも多くなるというのは興味深いことです。これは、3月の段階ですでに関係があまりうまくいっていなかったカップルが、このような機会を利用して一気に関係を終結させようという手段に出ているからだと考えられます。

別れはお互いにストレスフルな状況ですし、その後のトラブルなども考えれば高いコストが必要です。愛が少なくなっていても惰性でつきあうほうが、確かに新しい恋をゲットする機会を逃してしまいますが、まだコストがかからないということは現実には存在するわけです。そのため、このような機会がないと関係は「だらだら」と継続してしまう可能性があります。

ただ、お互い物理的に離れてしまう「絶好の機会」があれば、相手と鉢合わせして気まずい思いをしたりつきまとわれたりする危険性も少なくなりますので、比較的スムーズに別れることができるわけです。そういえば、私も以前の交際相手がアメリカに留学するときにふられたことがありますが、たぶん、その前から相手はそういうつもりだったのでしょう。その後に鉢合わせすることもなく、比較的スムーズに別れることができました。

愛の崩壊をもっとも早く感知できるのは誰か

では、カップルの「別れの予感」を一番よく予測できるのは誰でしょうか。自分たちの問題だし、自分たちのことを一番よく知っているのはカップル自身なので、本人たちに聞いてみれば、二人の恋愛が崩壊する時期を予測できると思うのが普通です。しかし、もしかしたら、自分たち自身の問題については逆になんらかのバイアスがかかっていて、適切な判断ができない可能性もあります。恋愛において「私たちが世界で一番幸せ」バイアスなどがかかることはすでにお話ししてきたとおりです。そこで、この問題を検討しようと考えたのが、アグニューら（2001）です。

彼らは、少なくとも2週間以上交際している74カップルを対象に研究を行いました。まず、最初にカップルが今後交際を続けていくかどうかを、カップル自身、男性側の友人、女性側の友人、カップル共通の友人に尋ねました。その約6か月後に、実験参加者に個別に連絡を取って2回目の調査を行い、彼らがまだ交際を続けているかについて調査を行いました。この時点でまだ交際していたカップルは79％いましたが、21％のカップルは関係が崩壊していました。

さて、6か月前の彼ら自身や、友人たちの「別れの予測」がどのくらい「当たった」のかについて、重回帰分析によって確認してみました。結果を【表6－01】に示してみましょう。このβの値というのが、相関係数に相当するものです。

この結果を見ると、カップルの今後をもっとも正確に予測しているのは、女性側の友人だということになります。他の人々はまったく予想できていませんでした。興味深いことに、カップル自身は自分たちの今後について、数値的には、もっとも予測できていないことがわかりま

6

表6-01 別れの予測の正確度 (Agnew et al., 2001)

	β	無相関検定
共通の友人	0.255	*n.s.*
男性側の友人	0.123	*n.s.*
女性側の友人	0.484	**
カップル自身	0.083	*n.s.*

(** $p < .01$; *n.s.* 有意差なし
: 無相関検定で有意ということは相関があることを意味する)

す。これも一種の「恋は盲目」の効果であると思われます。自分たちのことは冷静に見られないのです。

では、なぜ、男性の友人や共通の友人の予測力は低いのでしょうか。原因の一つは、男性よりも女性のほうが、自分の恋愛について友人に率直にいろいろな情報を開示して相談することが多いからだと思われます。男性は友人にあまりこういう話はしないのでしょう。

また、共通の友人は、彼らを通してカップルの相手側に情報が伝わってしまう可能性があるために、カップル自身があまり率直に情報を開示していない可能性があります。そのため、カップルやその交際についてもっとも多くの情報を持ち、かつ、状況を冷静に見られるのは、女性側の友人になるからだと思われます。

02
どうやって別れるか、どうやって別れを阻止するか

別れの主導権は女性にある

さて、いざカップルが交際を終結しようとする場合、どちらか一方が「別れの切り出し」を行わなければなりません。では、この「別れの切り出し」は、男女どちらからする場合が多いのでしょうか。映画や小説、演歌などでは、だいたい男が女に別れを切り出し、女はいつも「捨てられる」という役割を甘受していますが、実際のところはどうなのでしょうか。日本でもいままでいくつかの研究が「男女どちらから別れを切り出したのか」について調査を行っていますので、その結果を【表6－02】に示してみましょう。

この結果を見てみると、どうやら、男性はだいたい「相手から」別れを切り出され、女性は「自分から」別れを切り出していることが多いようです（宮下らの研究では、どちらも相手から切り出したことが多いとなっていますが、自分から別れを切り出した比率は男性より女性のほうが高くなっています）。実際にはステレオタイプと異なり、女が「ふる」側で男が「ふられる」側なのです。つまり、恋を終わらせる主導権は男性よりも女性にあるわけです。

また、ちょっと面白いのは、すべての研究で、男性のほうが「両方・自然消滅」の比率が多

6

表6-02　日本で行われた「別れを切り出したのは自分か相手か」についての研究のまとめ

	自分	相手	その他（両方・自然消滅）
松井（1993）			
男性	23.1%	25.4%	51.5%
女性	43.0%	21.1%	35.9%
宮下・斉藤（2002）			
男性	20.4%	49.0%	30.6%
女性	25.3%	52.0%	22.7%
牧野（2014）			
男性	36%	36%	28%
女性	60%	23%	17%

（下線部は、女性が別れを切り出した場合）

くなっているという点です。本来なら、この値は男女ほぼ同じになるはずでしょう。おそらく、女性から別れを切り出された男性が、「相手からふられた」のでなく、「両方同時に言い出したんだ」とか「自然消滅なんだ」と思い込もうとしている、あるいはそのように回答を歪めているのだと考えられます。これは男の側の一種のプライドを反映した現象だと考えられます。

どうやって別れを切り出すのか

では、別れは、実際にはどのような形で切り出されるのでしょうか。この問題について研究しているのが、牧野（２０１３）です。彼は、カップルの関係崩壊時に自分がどのような行動をとったかについて、実際に別れ話をしたことがある大学生62人のデータを分析することによって明らかにしています。因子分析の結果、別れの切り出し方は大きく7つの因子（グループ）に分かれるということが示されました。それは【表6－03（a）】のとおりです。

実際にこれらの方略を行った調査対象者のうち、69・4％が即、別れが成立し、19・4％がそれ以降の話し合いで別れが成立し、4・8％がいったん関係修復したが3か月以内に別れたということが示されています。その後、関係が修復した人は6・5％しかいませんでした。つまり、大学生のカップルにおいては別れ話が出ると、93・5％は比較的すぐに関係を解消しているわけです。また、それぞれの方略をとる割合に性差があるかどうかを分析したところ、「恋人非難方略」のみに統計的な差が見られ、女性のほうがこの方略をとりがちであることが示されました。

ちなみに、これらの別れの方略の中でもっとも効果があるのはどれなのかが、本当は知りたいところだと多くの人は考えているでしょう。しかし、牧野の研究ではその答えは得られていません。実際には、相手との関係や相手や自分のパーソナリティにもよるでしょうし、また、実際の別れ場面ではこのうち一つの方略を用いるのではなく、複数の方略を同時に用いていくと思われますので、これは答えを出すのがそう簡単な問題ではありません。今後も研究を続けていく必要がありそうです。

表6-03(a) 別れ話の切り出し方方略（牧野, 2013）

説得・話し合い方略	お互いに話し合って、お互いの満足するような結論を見つけ出そうとする方略である。相手の話を聞き、お互いにとって良い結果になるように話し合う。
恋人非難方略	相手を非難したり、嫌な部分を直すように迫ったり、一緒にいても楽しくないと伝える。
謝罪・感謝方略	別れたい理由を述べて、相手に感謝し、謝る。自分も悲しいことを伝える。
自己主張方略	ともかく自己主張して、自分の有利な方向に事態が進むように押し通す。
関係再考方略	自分といても幸せになれない、相手にはもっといい人がいるはずだ、などと説得する。
遅延・保留方略	しばらく距離をおく、時間をおくことを提案する。
第三者利用方略	共通の友人を介して、別れたいことを伝えてもらう。

別れを切り出されたらそれを阻止するすべはあるのか

ところで、牧野（2013）は、別れるためにどの方略が有効なのかについては明らかにしていないのですが、相手が別れを切り出してきた場合、どのようにすればそれを食い止めることができるのかについては研究しています（牧野、2014）。彼は「別れを切り出されたことがある」大学生57人を対象にして分析を行っています。

まず、別れを切り出された場合の対処方略ですが、大きく6つの因子（グループ）に分かれるということが示されました。それは【表6-03（b）】のとおりです。

よく使われるのは最初の3つの方略でした。このうち、恋人非難方略はおそらくすぐにけんかか言い争いになってしまって、

表6-03(b)　別れ話への対処方略（牧野，2014）

説得・話し合い方略	話し合って相手を説得しようと試みる。
関係維持懇願方略	まだ好きであるということを伝え、相手に関係維持を懇願する。
譲歩受容方略	相手の要求を受け入れて譲歩しようとする。
恋人高揚方略	相手の喜ぶことをしようとする。相手の気分を良くしようとする。
恋人非難方略	相手に怒りをぶつけて非難する。
遅延方略	しばらく時間や距離を取ろうと提案する。

関係修復が望めないのは明らかですが、他の方略のうち、関係崩壊を食い止めるのにどれが有効でしょうか。

関係が崩壊するかどうかを従属変数とした重回帰分析を行った結果、ほとんどの方略はあまり意味を持たなかったのですが、唯一、関係維持懇願方略だけはわずかながら関係崩壊を抑制していることがわかりました。しかしながら、前の研究でも明らかになっているとおり、大学生カップルにおいてはどちらか一方が別れを切り出した場合、90％以上は別れてしまうので、この方略もあまり効果は望めないのは確かなようです。ただ、相手が別れを切り出してきて、自分がどうしても別れたくない場合は「懇願すること」がもっとも効果があるのだと覚えておくのはいいことかもしれません。

ちなみに、海外の研究では、相手が別れを切り出したり、話し合いを要求したりしてきた場合、あえて話題にするのを避けたり、話をはぐらかしたりするといった要求－撤退パターン（demand-withdrawal pattern）のコミュニケーション方略をとる人が多いことが指摘されています。とくに現状を維持したい側は、この方略をとりがちです。ただ、この方法は問題を先送りするだけで、別れを阻止するための効果はあまりないようです。

別れた後も友達でいたい？

別れを考えている人の中には、恋人と別れた後も友達でいたいなどという虫のいいことを考えている人も少なくないと思います。これはなかなか難しいことだと思われますが、バンクスら（１９８７）はそのような関係になるための条件について研究しています。彼らは、別れ方がある程度はその後の関係を決定することを示しています。別れた後も友達関係でいやすいのは関係縮小方略で、交際相手に直接「深い関係を続けるのをやめよう。でも、関係を完全に絶ってしまうことはしないようにしよう」というものでした。これに対して、別れる理由を正当化する正当化方略や、相手と会うのを避ける回避方略は、別れた後で友達でいることを抑制しました。

また、メッツら（１９８９）も同様の研究を行っており、彼女らも、次第に相手を回避するようにして自然消滅を狙う（相手が会おうとしても忙しいといって断るなどの方略）は、別れた後に友人関係にとどまることが難しいということを示しています。

ただし、メッツらの研究では、別れた後に友人関係にとどまるためのもっとも重要な要素は、「交際前に友達関係であった」ということでした。つまり、友達から恋人になった場合には友達に戻れるが、いきなり恋人になった場合には友達になることは難しいということです。これは、以前の友達関係を経由した場合には、友達関係であったときのつきあい方のパターン（行動のスクリプト）が記憶として保存されているからだと思われます。友達関係を経由していない場合には「友達としての二人」の行動パターンを新たに構築しなければならないので、労力や資源が必要となってしまい、面倒だからです。

Column 10

愛されることは愛することよりも重要なのか

みなさんは、「誰かを愛したい」と思うほうでしょうか、それとも「誰かから愛されたい」と思うほうでしょうか。

このような気持ちについて研究したものとして、金政（２００５）の研究があります。彼はまず、「愛したい」尺度と「愛されたい」尺度を作成しました。「愛したい」尺度は、「好きな人とは悦びや楽しさ、つらさなどいろいろな感情を共有したい」「私は心から相手のことを愛したいと思う」などの項目から構成されています。また、「愛されたい」尺度は、「私は常に誰かに愛されていたいと思う」「好きな人からは『愛している』という言葉を聞いていたい」などの項目からなっています。

この尺度を大学生に対して実施し、その結果を分析してみたところ、興味深いことがわかりました。「愛されたい」尺度と「愛したい」尺度は高い相関（r＝0.61）を持っていましたが、この相関を統制して分析したところ、「愛したい」尺度が高い人ほど精神的な健康度が高く、「愛されたい」尺度が高い人ほど精神的な健康度が低いという関係が導かれたのです。精神的な健康について、どの程度問題を持っているかを測定するＧＨＱという尺度と各尺度の偏相関は、「愛したい」尺度でr＝-0.17、「愛されたい」尺度でr＝0.12となり、数値自体はそれほど大きくないものの統計的には十分有意な傾向を示しました。より詳しく見ると、

「愛したい」尺度の得点が高いほど、うつ傾向が低く、社会的活動に障害がなく、不眠が生じにくいということがわかりました。

現代社会では、人から「愛される」価値が強調されていますが、それよりも人を「愛する」ことのほうが精神的健康にとっては重要だということでしょう。

03

「別れの不安」が実際に別れを引き寄せる

愛の予言の自己成就的崩壊

たとえば、いま、あなたが交際相手について「もしかしたら、彼女（彼）は自分のことを愛していないのではないか」と、疑いを抱いたとします。すると、あなたは心配になって交際相手に「ねえ、オレ（私）のこと本当に好き？」と聞くかもしれません。相手は「もちろん、好きだよ」と言ってくれたのですが、どうも安心できません。そのため、あなたは何度も何度も自分のことを好きか相手に確かめるとします。

もし、相手が本当にあなたのことを愛してくれていたとしても、毎回「自分のことを本当に好きか」とか「好きと言って」などとしつこく言われ続けると、相手もだんだん疲れてあなたのことが嫌になってしまうかもしれません。すると相手のこのような態度を感じ取ったあなたは、さらに愛の再確認をしたくなり、相手はさらにあなたのことが嫌になってしまうかもしれません。これは状況を悪化させるスパイラルを形成し、愛を崩壊に導く可能性があります。最初は「愛が壊れるかもしれない」という根拠のない疑いだったのですが、それがもとで本当に愛が壊れてしまったわけです。このような現象を予言の自己成就といいます。

図6-01 愛の再確認傾向による別れの自己成就プロセスのフローチャート

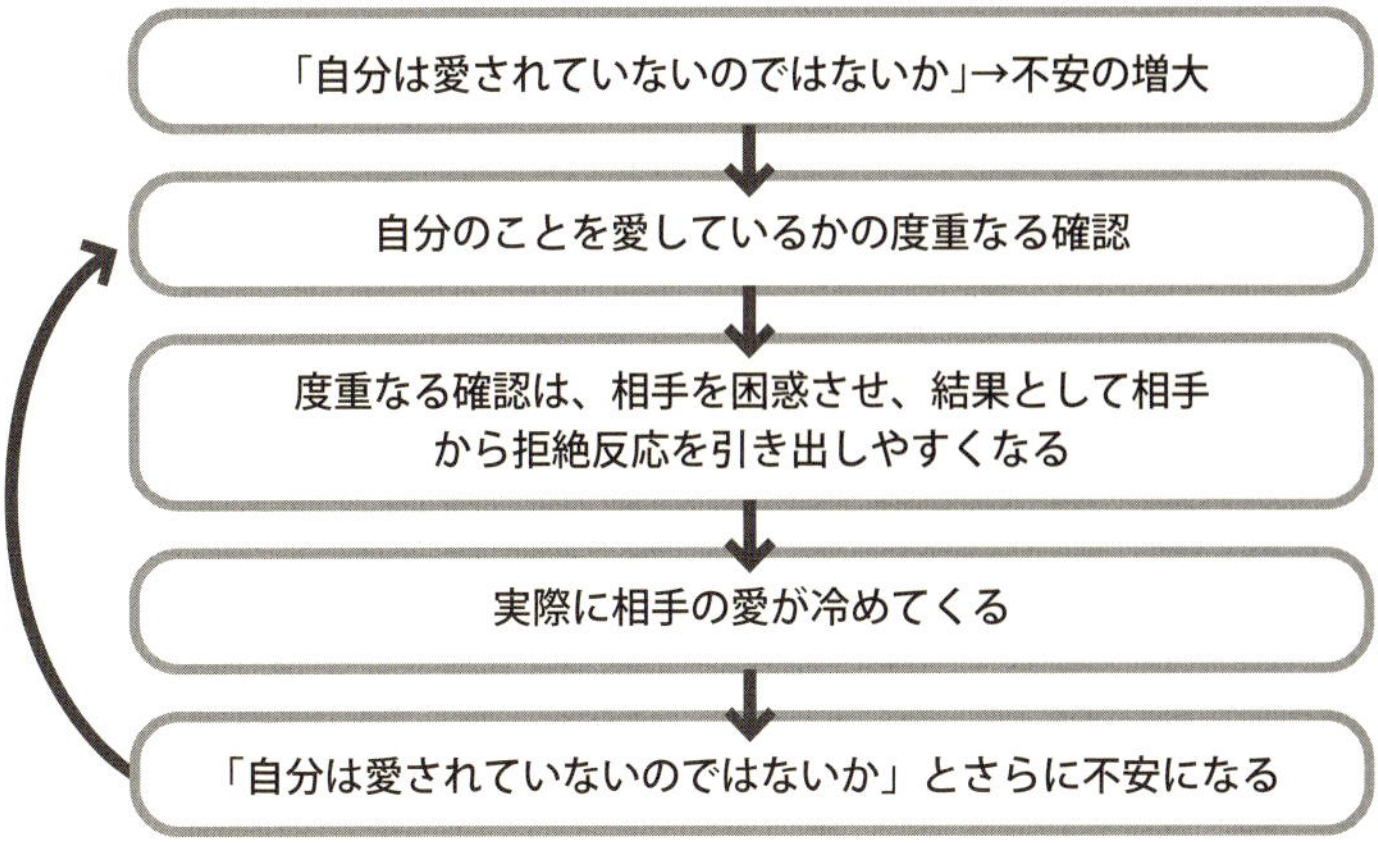
「自分は愛されていないのではないか」→不安の増大
自分のことを愛しているかの度重なる確認
度重なる確認は、相手を困惑させ、結果として相手から拒絶反応を引き出しやすくなる
実際に相手の愛が冷めてくる
「自分は愛されていないのではないか」とさらに不安になる

愛の再確認傾向

予言の自己成就による愛の崩壊と関係しているものの傾向として、愛の再確認傾向(excessive reassurance-seeking)があります。これは、交際相手が自分のことを本当に好きなのかを、再確認せずにはいられない傾向のことです。

親密な対人関係における再確認傾向については、勝谷(2004)が研究していますので、我々はこの尺度を参考にしつつ、恋愛関係に特化した**「恋愛における再確認傾向尺度」**を作成してみました。その尺度を以下に挙げましたので、あなたの再確認傾向を測定してみてください。愛の再確認傾向は、男性よりも女性のほうが一般に高い傾向にあるようです。

あなたの交際相手との関係について、「よく当てはまる」から「まったく当てはまらない」までの中から該当するものを選んで回答してください。（7段階）

		よく当てはまる	当てはまる	やや当てはまる	どちらでもない	あまり当てはまらない	当てはまらない	まったく当てはまらない
❶ 自分のことが本当に好きか確認したくなることがある	❶	7	6	5	4	3	2	1
❷ 自分のことをどう思っているか言葉にして言ってほしい	❷	7	6	5	4	3	2	1
❸ 自分のどこを好きなのか言ってほしい	❸	7	6	5	4	3	2	1
❹ 自分のことを受け入れているのか確かめたい	❹	7	6	5	4	3	2	1
❺ 私のことを本当に大切にしているのかどうか確かめたい	❺	7	6	5	4	3	2	1
❻ 好きと言ってくれないと不安になる	❻	7	6	5	4	3	2	1

合計＝　　　点

解 説

▶表6-04　再確認傾向尺度の平均値と標準偏差

	男性	女性
再確認傾向	25.49（6.79）	28.49（8.23）

（カッコ内は標準偏差）

技術的な解説➡ p.258

拒絶敏感性が高いと別れを引き寄せる

同様な傾向に拒絶敏感性があります。これは、パートナーのちょっとした行動に敏感に反応してしまい「相手に嫌われてしまったのではないかと考える」、また、自分が拒絶されているのではないかと考えて「パートナーの行動を深読みしすぎる」傾向のことです。このような傾向が大きい場合、次のようなことが発生する可能性があります。

まず、自分たちのいまの関係が不安定で不幸せであるように感じてしまいます。また、相手からの拒絶の脅威に対して、相手を疑ったり、不審に思ったり、再確認したりする行動や、相手を拘束したりする行動が発生してしまいます。これらの行動は、パートナーにとってはわずらわしく、面倒なものに感じてしまいます。すると、パートナーは実際に拒絶的行動を増加させるかもしれず、そうすると、本人はさらに相手に嫌われてしまったのではないかと考えて、やはり状況悪化スパイラルに入ってしまいます。最悪のケースでは、愛が自己成就的に崩壊してしまう可能性があります。

拒絶敏感性については、ダウニーら（1998）が研究を行っています。彼女らは、6か月以上交際しているカップルを対象に調査を行い、実験参加者の拒絶敏感性を測定しました。1年後に、彼らがまだつきあっているかを再調査したところ、実験参加者の拒絶敏感性が高い場合は、カップルが別れていることが多いことがわかりました。

表6-05 拒絶敏感性の高低とカップルの破局率の関連
(Downey et al., 1998)

	拒絶敏感性高	拒絶敏感性低
男性	42%	15%
女性	44%	15%

また、ダウニーらは、拒絶敏感性の高い人は、ちょっとした食い違いや言い争いの最中やその後で、攻撃的に振る舞いやすくなるということを示しています。「どうせ私のことなんて嫌いなんでしょ」という態度です。相手のことが好きなのにこのような態度をとってしまうのは、もちろん適応的ではなく、かえって相手を怒らせたり困惑させたりしてしまい、結果として、相手は実際に拒絶行動を起こしてしまいます。そしてやはり、状況悪化スパイラルに突入してしまうのです。

拒絶敏感性尺度と監視欲求尺度

ダウニーらが示した拒絶敏感性についても、我々は日本人を対象にしてその個人差を測定する**「拒絶敏感性尺度」**を作成しています。あなたも試してみてください。再確認傾向と同様に、この傾向も男性よりは女性のほうが高いようです。

また、もう少し直接的な尺度として、我々の研究室では**「監視欲求尺度」**も作成してみました。これは、交際相手を疑ったり、交際相手の行動に敏感になったりするだけでなく、直接相手を監視したいとか、相手の行動を制限したいとか、より行動に結びついた側面を測定する尺度です。相手のことを監視する行動も、それ自身が別れを引き起こす可能性を持っています。監視されるほうはそれをあまり快く思わないことがほとんどですので、関係がうまくいかなくなりやすく、また、関係がうまくいかなくなると、より相手を監視したくなるからです。ここでも、やはり事態を悪化させるスパイラルの入口になってしまいます。監視欲求尺度については、男性と女性との間に統計的に有意な差は存在していませんでした。

再確認傾向や、拒絶敏感性、監視欲求は相互に比較的高い相関を持っていますが、いずれの傾向も予言の自己成就を引き起こす危険な傾向です。恋愛においては、あまり相手の行動を拘束せず、詮索せず、勝手に深読みも愛の再確認もしないで、相手のことを信じてほどほどの距離感でつきあうのが、ベストなのかもしれません。

見た目がつりあわないカップルの恋愛崩壊過程

さて、じつはこの予言の自己成就による愛の崩壊によって説明できる現象が一つあります。それは、「外見的魅力がつりあっていないカップルは早く別れる」という現象です。

たとえば、ホワイト（１９８０）は大学生カップルを追跡調査し、外見的魅力がつりあっていないカップルは別れやすいということを示しています。では、なぜ外見的魅力がつりあっていないと別れてしまうのでしょうか。

	よく当てはまる	当てはまる	やや当てはまる	どちらでもない	あまり当てはまらない	当てはまらない	まったく当てはまらない
❶	7	6	5	4	3	2	1
❷	7	6	5	4	3	2	1
❸	7	6	5	4	3	2	1
❹	7	6	5	4	3	2	1
❺	7	6	5	4	3	2	1

拒絶敏感性の合計＝　　　点

❶	7	6	5	4	3	2	1
❷	7	6	5	4	3	2	1
❸	7	6	5	4	3	2	1
❹	7	6	5	4	3	2	1
❺	7	6	5	4	3	2	1
❻	7	6	5	4	3	2	1

監視欲求の合計＝　　　点

解 説

▶表6-06　拒絶敏感性尺度と監視欲求尺度の平均値と標準偏差

	男性	女性
拒絶敏感性	20.14 (6.30)	21.82 (7.35)
監視欲求	19.35 (8.62)	19.12 (8.53)

（カッコ内は標準偏差）

技術的な解説➡ p.258

Q あなたの交際相手との関係について、「よく当てはまる」から「まったく当てはまらない」までの中から該当するものを選んで回答してください。（7段階）

拒絶敏感性

❶ 相手が私のことを嫌いになったのではないかと思うことがある
❷ 相手のちょっとした言動が気になって悩むことがある
❸ しばしば嫌われてしまったのではないかと考える
❹ 相手の行動の意味を深読みしすぎてしまう
❺ 相手が冷たいと感じるとすぐに傷つく

監視欲求

❶ 相手の行動を監視したい
❷ 相手が浮気しているのではないかと勘ぐることがある
❸ 相手の携帯や手帳をチェックしたいと思うことがある
❹ 相手が自分以外の異性と話すのはできるだけ避けてほしい
❺ 相手のすべての行動を把握したい
❻ メールや LINE の返事がすぐに返ってこないと不安になる

こういう状況を想定してください。あなたが自分とはつりあわないイケメン（あるいは美女）と恋人同士になったとしましょう。あなたは初めしばらくは楽しい恋愛の日々を送るかもしれませんが、もしかしたら、こんなことを考えるようになるかもしれません。「なぜ、彼（彼女）は私なんかとつきあっているのだろう。彼（彼女）だったらもっといい人といくらでもつきあえるのに……」

一度このように考え始めると、あなたは相手が本当に自分のことを愛してくれているのだろうかと疑って再確認したくなったり、相手のちょっとした行動を見て自分のことを嫌いになってしまったのではないかと思ったり、相手のことを監視したくなったりするのではないでしょうか。

そうです、これはいずれも、事態悪化のスパイラル、別れの自己成就プロセスを引き起こす原因となってしまうのです。

魅力の差と再確認傾向

我々は、実際にこのようなプロセスが生じる可能性があるかを調査してみました。異性と交際経験のある大学1年生から大学4年生までの19歳から25歳までの79人（男子44人、女子35人）の参加者について、「恋愛再確認傾向尺度」を実施するとともに、自分の外見的魅力と交際相手の外見的魅力をそれぞれ7段階で評定させました（もちろん、自分や交際相手の魅力度

表６-07　自分と相手の容姿の評定値と再確認傾向の相関関係

	相関係数	無相関検定
自分の容姿	0.016	*n.s.*
相手の容姿	0.311	**
相手の容姿の優越度	0.227	*

（$n = 79$；**　$p < .01$；*　$p < .05$；*n.s.*　有意差なし：無相関検定で有意ということは相関があることを意味する）

を本当に客観的に判断できるかどうかはわからないのですが、ここでは主観的に自分や相手がどのくらい魅力的だと考えているかがわかれば十分です）。そして、自分や相手の魅力度、（相手の魅力度－自分の魅力度）で計算した相手の魅力の優越度と再確認傾向の相関をとってみました。その結果、**【表６－07】**のような有意な相関が見られました。

つまり、予想どおり、交際相手がイケメン（美女）だったり、自分よりも魅力的だったりした場合に、人はどうしても愛の再確認をしたくなってしまうのです。

04

失恋とそこからの立ち直り

失恋したとき何を感じるのか

恋愛関係が終焉したとき、我々はどのような心理状態になるのでしょうか。この問題を検討した研究として、宮下・斉藤（２００２）があります。彼女らは、異性と交際し、別れたことがあると回答した大学生男女１２４人（男性49人、女性75人）を対象に調査を行いました。まず最初に、失恋のときにどのように感じたのかについて、さまざまな項目についてどのくらいその気持ちを体験したのかを質問し、その結果を因子分析という統計手法によって分類しました。

その結果、失恋時に我々が感じる感情や行動は「相手をなかなか忘れられなかった」「何かにつけて相手を思い出すことがあった」などの「後悔・悲痛」と、「相手と出会うように試みた」「よくデートした場所に行った」などの「未練」、「相手を恨んだり、怒りを感じたりした」「相手との出会いを避けようとした」などの「怒り・回避」の３つの因子（要素）で説明できることがわかりました。

そして、次に、失恋したときの関係の進展度ごとに、これらの反応がどのようなパターンを

図6-02　恋愛崩壊とその感情に関する5段階評定（宮下・斉藤，2002）

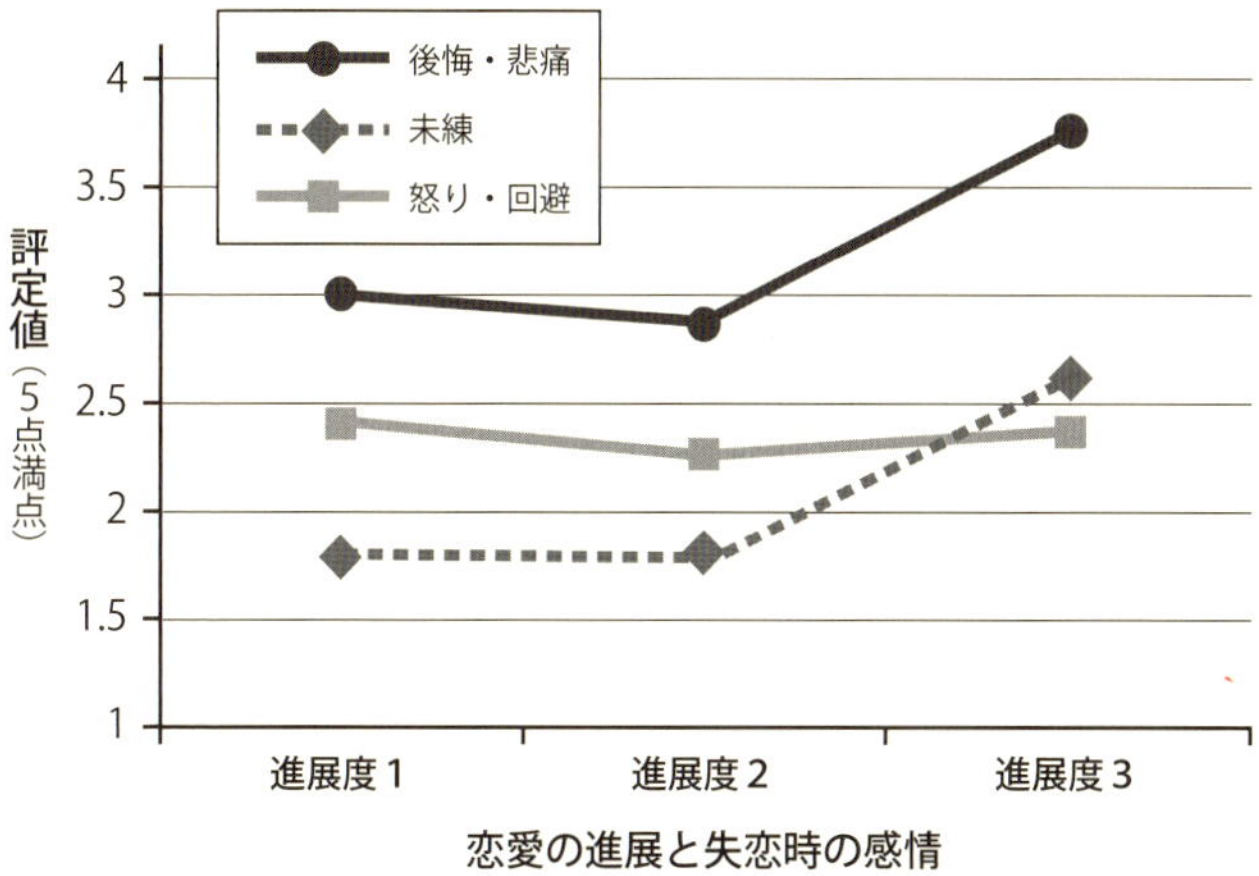

6

示すのかについて分析してみました。ここでは、二人の関係について、［進展度1］デートをする、キスをする、プレゼントをする、［進展度2］恋人として友人などに紹介する、［進展度3］結婚について考える、婚約する、という3つに分けて集計しました。その結果を【図6-02】に示してみます。

「後悔・悲痛」の気持ちと「未練」については、失恋直前の進展度が高いほど大きいことがわかります。やはり、関係が進んでくると別れがつらくなるのは確かなようです。しかし、「怒り・回避」については進展度とあまり関係はありませんでした。もちろん、別れを切り出したのがどちらかということも失恋の反応と大きく関連していました。「切り出した」ほうに比べて、

「切り出された」ほうが、「後悔・悲痛」「未練」「怒り・回避」のいずれも大きいことがわかりました。

飛田（1992）は、失恋後に我々はどのような行動をとるのかについて調査しています。その結果、男性はやけ酒などの「発散行動」や、旅行やドライブなどの「旅行行動」をとることが多く、女性はやけ食い、やけ買いなどの「消費行動」をとることが多いことがわかりました。男性のほうが傷心旅行に行きやすいというのはちょっと驚きの結果で、男のほうがちょっと「女々しい」感じがしますが、実際、相手の家の前をうろついたり、相手にいたずら電話をかけたりするストーキングのような行動も、女性よりも男性のほうがよくとるということが指摘されています。ちなみにストーカーも9割程度が男性加害者によるものです。

また、飛田は、失恋の際に「手紙を燃やす」などの儀式的な行動が見られることを指摘しています。ダック（1982）は失恋後の行動として、崩壊した関係を清算し、新しい関係に移行するための「思い出の埋葬段階」の存在について言及していますが、恋愛に関してもこのようないわば「喪の仕事」が必要になってくるわけです。

失恋からの立ち直りで重要なこと

さて、いろいろな理由によって恋を失ってしまったなら、できるだけ早くその傷を癒やして日常生活に戻ったり、次の恋に向かっていったりしなければなりません。では、失恋に対して

表6-08　失恋コーピングの3形態（加藤, 2005）

回避コーピング	「次の恋を見つけようとした」 「他の異性とデートした」 「スポーツや趣味に打ち込んだ」 「失恋が自分の成長に役立つと思った」　などの行動
拒絶コーピング	「相手の人のことを考えないようにした」 「相手を見返す方法を考えた」 「相手の人との思い出の品を処分した」 「相手の人の悪口を言った」　などの行動
未練コーピング	「関係を戻そうとした」 「写真など思い出の品を取り出して眺めた」 「偶然を装って相手の人に出会おうとした」　などの行動

どのように向き合えば、少ない傷で立ち直っていくことができるのでしょうか。

加藤（２００５）は、失恋経験のある大学生４２５人を対象にして、失恋に対する対処行動（失恋コーピング）のデータを収集して因子分析を行い、それが3つの対処行動に分けられることを示しました。それを【表6－08】に示します。これは、先ほどの宮下・斉藤の研究とだいたい対応しています。その行動版といったところでしょうか。

次に彼は、その後のストレス反応（抑うつ、不安、怒り、混乱、疲労感）と失恋のショックからの回復期間との関係について、構造方程式モデリングという手法で分析を行いました。その結果を【図6－03】に示します。

矢印はそれぞれの要素間の関係を示していて、数字が大きいほど関連が大きいことを示

図6-03 失恋ストレス過程の構造方程式モデリングの結果
（加藤, 2005）

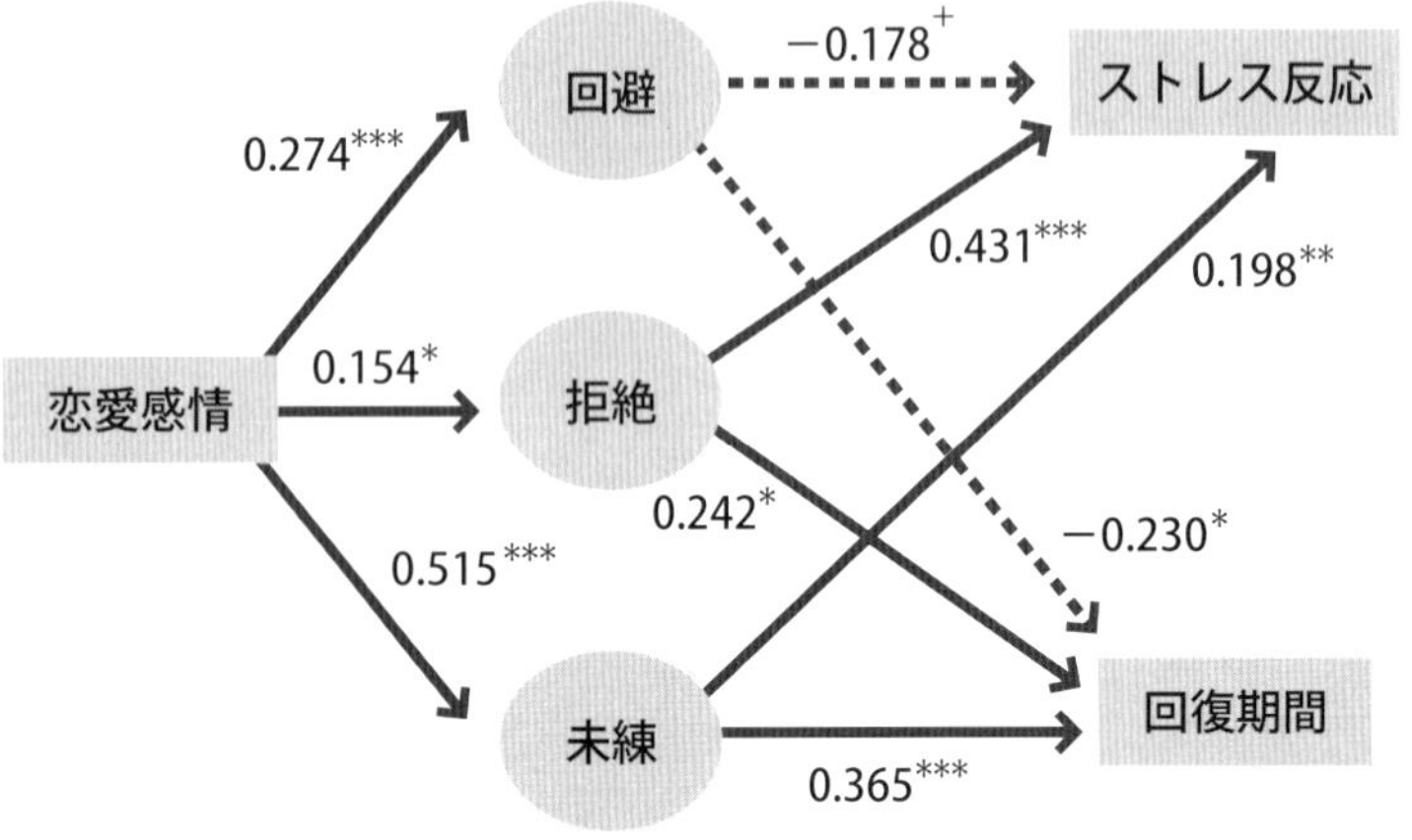

（*** $p<.001$；** $p<.01$；* $p<.05$；+ $p<.1$）

します。これを見てみると、回避コーピングをとった場合に、ストレス反応との関係や回復期間との関係がマイナスになっており、回避コーピングをとるほど、ストレスが小さく、回復期間が短くなるということがわかりました。一方で、拒絶や未練はそれぞれの行動をとるほど、ストレス反応が大きくなり、また、回復期間も長くなるということが示されました。

さらには、恋愛感情が大きいほど、未練行動が多くなることがわかりましたが、これが熱愛の崩壊に伴う傷が大きく、かつ回復にも時間がかかることの原因だと思われます。

つまり、あなたが恋を失った場合、回避コーピングをとることが可能であれば、それをとることが失恋の傷を早く癒やすことになると思われます。

失恋の記憶を頭の中で反芻してしまう傾向

ただし、失恋したら回避コーピングをとったほうがいいといわれても、実際にそれができるかどうかが問題です。終わってしまった恋のことが何度も頭の中で反芻されてしまうような「失恋反芻傾向」の高い人も少なくないでしょう。

ところであなたの失恋反芻傾向はどのくらいでしょうか。我々の研究室で作成した**「失恋反芻傾向尺度」**を挙げましたので、失恋反芻偏差値を算出してみてください。

さて、この失恋反芻傾向ですが、研究してみると興味深いことに男女でまったく差がないことがわかりました。ステレオタイプ的には、失恋を反芻して苦しむのは女性に多いように思われますが、実際には男性も女性と同じくらい、失った恋を頭の中で思い出して苦しんでしまうようです。

新しい恋を妄想することで失恋反芻から逃れよう

では、もし、あなたが失恋反芻傾向が高く、未練コーピングをとりやすい人であるということがわかってしまった場合には、どうすればよいでしょうか。

「破れた恋を反芻してはいけない、考えないようにしよう」と、意図的に考えないようにす

あなたの恋愛観について、「よく当てはまる」から「まったく当てはまらない」までの中から該当するものを選んで回答してください。(7段階)

		よく当てはまる	当てはまる	やや当てはまる	どちらでもない	あまり当てはまらない	当てはまらない	まったく当てはまらない
❶ 過去に失恋したことなどを何度も思い返す	❶	7	6	5	4	3	2	1
❷ 過去に失恋した時のことを鮮明に記憶している	❷	7	6	5	4	3	2	1
❸ 好きな人ができると過去の失恋の記憶を思い出す	❸	7	6	5	4	3	2	1
❹ 恋で傷ついた記憶を思い出しやすい	❹	7	6	5	4	3	2	1
❺ 失恋したらそのことを何度も頭の中で繰り返し考える	❺	7	6	5	4	3	2	1

合計＝　　　点

解説

▶表6-09　失恋反芻傾向尺度の平均と標準偏差

	男性	女性
失恋反芻傾向	18.52 (7.25)	18.25 (7.54)

(カッコ内は標準偏差)

技術的な解説➡ p.258

るかもしれませんが、じつは、このような意図的な思考回避は、かえってその思考を増加させてしまう危険性があることが知られています。「考えないようにしようとするほど、逆に相手のことが思い浮かんでくる」状態です。

しかし、我々の研究では一つの興味深い結果が発見されています。それは、失恋反芻しやすい人は、新たな恋の妄想も盛んに行う傾向があるということです。我々の研究室では**「恋愛妄想（空想）傾向尺度」**を作成しました。**【表6－10】**に示す「恋愛妄想傾向」と、**【表6－09】**に示す「失恋反芻傾向」は、$r = 0.50$ の比較的高い相関を持っていました。失恋を反芻してしまう人は、新たな恋について空想を広げる素質も十分持っているわけです。

そこで、みなさんにできるアドバイスの一つは「失恋を反芻する代わりに新しい恋について妄想しよう」ということです。実際、失恋経験の想起を抑制しようとするよりは、代わりに別の行動をするほうが、失恋の傷は癒えやすいということもわかっています。

Q あなたの恋愛観について、「よく当てはまる」から「まったく当てはまらない」までの中から該当するものを選んで回答してください。（7段階）

		よく当てはまる	当てはまる	やや当てはまる	どちらでもない	あまり当てはまらない	当てはまらない	まったく当てはまらない
❶ こんな恋がしたいと考えることがよくある	❶	7	6	5	4	3	2	1
❷ 恋愛についてあれこれ考えることがよくある	❷	7	6	5	4	3	2	1
❸ 理想の恋人とデートしていることを空想する	❸	7	6	5	4	3	2	1
❹ 恋に恋する傾向がある	❹	7	6	5	4	3	2	1
❺ 素敵な恋人ができた場合のことを頭の中で考える	❺	7	6	5	4	3	2	1
❻ ありえないような恋愛ストーリーを頭の中で考えることがある	❻	7	6	5	4	3	2	1
❼ 運命的な出会いについて空想することがある	❼	7	6	5	4	3	2	1

合計＝　　　点

解説

▶表6-10　恋愛妄想（空想）傾向の平均値と標準偏差

	男性	女性
恋愛妄想傾向	25.42（9.72）	26.13（9.68）

（カッコ内は標準偏差）

技術的な解説➡ p.258

Column 11

人を愛することは幸せになること

みなさんは、どうすればより幸せになることができると思いますか。「もっとお金が欲しい、宝くじが当たって使い切れないくらいのお金が手に入ればむちゃくちゃ幸せだと思う」など、多くの人はそのように考え、お金があれば幸せになると言います。しかし、これは本当なのでしょうか。

じつはこれを確認する研究がすでにブリックマンら（１９７８）によって行われています。彼らは、宝くじで５万ドルから１００万ドルまで当せんした人と、当せんしなかった人の幸福度を比較してみました。その結果、驚くべきことに、宝くじ当せん者の幸福度がとくに高くなることはないということがわかりました。つまり、我々の多くが思っているほど「宝くじの当せん」は我々を幸せにしないのです。

では、どのようにすれば我々の幸せを増加させることができるのでしょうか。じつはその一つの方法は、人を愛することなのです。ディーナーら（２０００）は、人生においてお金を得ることと、愛を得ることのどちらが大切だと思っているかということと、幸福度の関係について研究しました。その結果はあまりにも明白なものでした。つまり、愛に比べて金に価値を置いている人ほど幸福度（人生満足度）は低く、金よりも愛に価値を置いている人は幸福度が高かったのです【図６－04】。

図6-04　金と愛のどちらが大切と思うかと幸福度の関係
(Diener et al., 2000)

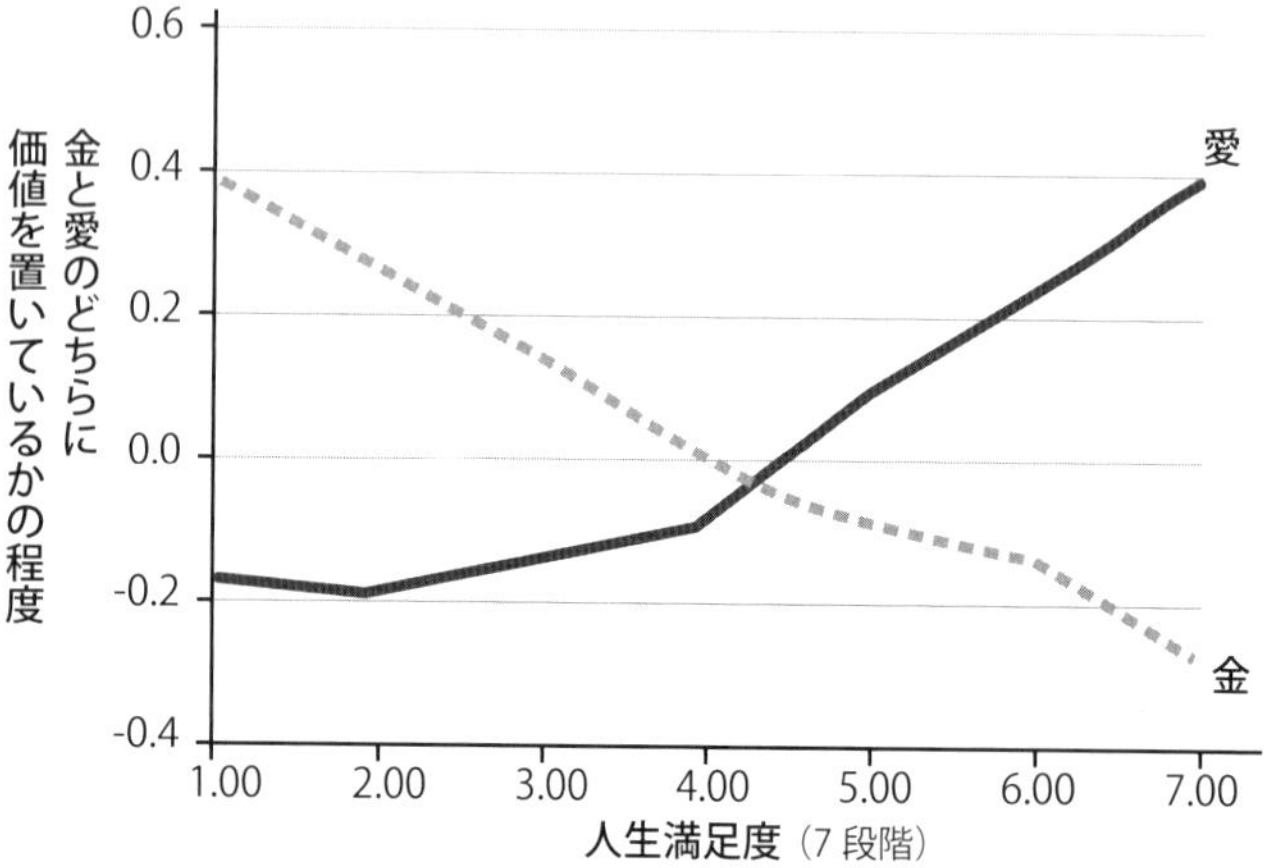

ほかにも、「名声」「地位」「金」「権力」を人生の目標にしている人ほど幸福度が低いということがわかっています。つまり、もしあなたが幸せになろうとするならば、このようなものをゲットしようとするよりも、素敵な恋をして人を愛し愛されたほうがずっとよいということなのです。

第７章

好きなのに傷つける理由の心理学

01

デートバイオレンス加害者の分類と行動の予測

デートバイオレンスとは何か

日本で「家庭内暴力」というと、子どもが両親や兄弟姉妹に対して暴力をふるう現象をさすことが多いですが、海外で「ドメスティックバイオレンス（DV、家庭内暴力）」といえば、だいたい夫婦間における暴力のことをさします。

最近では結婚している夫婦間における暴力だけでなく、交際中のカップル間における暴力が問題になることも多くなってきています。これを「デートバイオレンス（Dating Violence）」といいます。

ドメスティックバイオレンスに比べて、デートバイオレンスは「暴力をふるわれるならば、別れればいいじゃないか」と思われやすく、対処しやすい問題のように思われていました。そのため、この問題について学問的にも行政的にも真剣に扱われ出したのは比較的最近になってからです。ところが、研究するに従って、デートバイオレンスは「別れればいいじゃないか」といった単純な問題ではないということがわかってきました。

また、問題になるのは「暴力」だけではないことも最近は指摘されています。デート「バイオレンス」という言葉からは、恋人から殴られたり蹴られたりするような身体的な暴力や、レイプなどの性的な暴力のことがすぐに思い浮かぶのですが、カップル間に蔓延しているのはむしろ、もっと日常的な嫌がらせです。たとえば、相手の容姿についての悪口を言ったり、相手の携帯電話の着信記録を勝手に見たり、サークルやアルバイトを制限したりやめさせたりすることなどです。

このような行為は、本来、楽しく幸せを増進させるはずの恋愛を苦しくつらいものにしてしまいます。そのため最近では、このような「デートハラスメント」行為も含めて、「デートバイオレンス」と呼ばれるようになってきています。

デートバイオレンス・ハラスメント加害者の分類

なぜ人は、デートバイオレンスやハラスメント行為をするのでしょうか。この問題を検討するためには、まず加害者を分類することが必要です。デートバイオレンスの加害者にもさまざまなタイプがいるので、それらを十把一からげに論ずることはできないからです。さまざまな研究者がデートバイオレンスの分類を行っていますが、ここでは、我々の研究室による分類（越智、２０１３）を見ていくことにしましょう。

この分類では、デートバイオレンスの加害者をその動機に従って、まず大きく2つに分けます。それは「パワー型」と「コントロール型」です。

パワー型というのは、交際相手に自分の力（パワー）を見せつけて、相手を屈服させようとする動機の加害者です。殴ったり、ものを投げつけたり、相手の持ち物を壊したりするのは、このパワー型の動機によって行われるものです。また、レイプする、ポルノを強引に見せるといった行動は、以前は性欲主導のものであると思われていましたが、恋人間や夫婦間で行われる性的な虐待はむしろ、このパワー型の動機によって行われるものではないかと考えられています。つまり、女性をレイプしたり性的に辱めたりすることによって自分の優位性を示している行動だということです。

一方、コントロール型は、相手の行動を支配し、監視したいという動機の加害者です。このような行動の背景には、自分が相手から見放されるのではないかとか、相手が自分から去っていってしまうのではないかという不安や恐怖があると思われます。それを防ぐために相手の行動を支配しようと思うわけです。

パワーとコントロールの動機は両方が渾然一体となっていることが多く、簡単に分けることはできないのですが、デートバイオレンスの中には、パワー的な動機が顕著なものとコントロール的な動機が顕著なものが見られるのは確かです。パワー型、コントロール型はそれぞれさらに2つの下位タイプに分類することができます。

「パワー型」デートバイオレンス加害者の分類

①男性至上主義型

このタイプは、全員が男性で、「男は女よりも偉い」とか「男は女にちょっとくらい乱暴に接するべきである」と思い込んでいます。そのため、ガールフレンドや奥さんに対して乱暴に接するのです。また、このタイプはレイプ神話を信じていることが多いこともわかっています。レイプ神話とは、「女性はレイプされたがっている」とか「女性が薄着をするのは男性を挑発するためである」などの誤った信念のことです。

男性のこのような特徴を測定する尺度として、我々は**「女性蔑視評定尺度」**を作成していますので、女性のみなさんは身近な男性について、この尺度を用いて評定してみてください。彼の女性蔑視偏差値を算出することができます。

このタイプの男性は、男性同士の密接な人間関係を築いていることが多く、女性蔑視的な態度もそのような集団の中で育ってきた可能性があります。具体的には、軍隊や公安関係、肉体労働などの職業集団、チームスポーツなどのグループがそれに当たると思われます。ただし、このようなタイプの人々は最近は徐々にですが少なくなってきていると思われます。

②代償型

代償型は、普段の生活の中で感じている不満やストレスを配偶者や恋人にぶつけることによ

Q あなたの交際相手の男性は、どのような特徴を持っていますか。評定してください。（7段階）

※この尺度は、女性が男性のパートナーについて評定を行うものです。

		よく当てはまる	当てはまる	やや当てはまる	どちらでもない	あまり当てはまらない	当てはまらない	まったく当てはまらない
❶ 彼は女性よりも男性のほうが格が上だと考えている	❶	7	6	5	4	3	2	1
❷ 彼は女性というだけで女の人を馬鹿にしたり下に見る	❷	7	6	5	4	3	2	1
❸ 彼は女性は男の命令に従うべきだと考えている	❸	7	6	5	4	3	2	1
❹ 彼は女性を暴力や脅迫で支配することは正当なことだと思っている	❹	7	6	5	4	3	2	1
❺ 彼は女のくせにといった発言をよくする	❺	7	6	5	4	3	2	1
❻ 彼は女性は本当はレイプされたがっていると考えている	❻	7	6	5	4	3	2	1
❼ 彼は女性が痛めつけられるようなポルノが好きだ	❼	7	6	5	4	3	2	1
❽ 彼は女性の前で平気で下品な話をする	❽	7	6	5	4	3	2	1

合計＝　　　点

解説

▶表7-01　女性蔑視評定尺度の平均点と標準偏差

女性蔑視傾向	15.93（9.19）

（カッコ内は標準偏差）

技術的な解説➡ p.258

って、ストレスを発散しているタイプです。被害者はこのタイプの加害者のストレスのはけ口にされてしまっているわけです。

代償型の人は会社の上司や友人、その他の社会関係において不満を感じたりストレスを感じたりしても、それをそのまま表現することはしません。そのストレスはためておいて、配偶者や恋人にそれをぶつけるわけです。そのために周りからは暴力的な人間だと見られていないことが少なくありません。外からは意外と小心者でおとなしいと思われていたり、評判が良かったり、いい人だと思われている場合さえあります。見えないところでストレスを発散してバランスをとっているからなのですが、そのはけ口にされるほうはたまったものではありません。

代償型には男性も女性もいますが、男性が大半を占めます。

「コントロール型」デートバイオレンス加害者の分類

③支配監視型

支配監視型は、交際相手の行動を監視したり、コントロールしたりするタイプのデートバイオレンス加害者です。彼（彼女）はプライドが高く、時としてそれは自分の実力に見合っていないプライドです。彼（彼女）は他人から賞賛されたり、ほめられたりすることが好きで、そのような場合にはプライドが満たされて満足するのですが、実際にはそれほど実力があるわけではないので、常に周りから見捨てられたり、低く見られたりすることに対する恐怖や不安も持っています。そのため、他人がほめられたり、賞賛されたりするのを見るとイライラします。また、自分がいかにすごい人間であるかを自慢するのは大好きです。

このタイプは、恋人に対しても同様に、いつか自分のことを捨てるのではないかとか、自分のことをバカにするのではないかという恐怖感と不安感を持っています。そのために彼（彼女）は、恋人の行動を監視したり、コントロールしたりするわけです。また、自分から相手が離れていかないように脅迫したり、相手の弱みを握って脅したりすることもあります。

このタイプも、じつは問題がある人格が一見覆い隠されていることが少なくありません。他人からは、意外と評判が良く、いい人と思われていることもあります。ファーストインプレッションもそれほど悪くなく、交際初期はとてもいい人に見えることがあります。このタイプには、男性も女性もいますが、やはりその多くは男性です。

④不安定型

不安定型は、安定した人間関係を築いていくのが苦手な人々です。彼らは、１００％相手に依存しているとか、１００％相手を支配しているといった極端な人間関係はできるのですが、普段の生活で見られるような繊細で微妙な人間関係を維持するのが苦手で、イライラしてしまいます。そのため、相手に過度に依存したり、相手を過度に排斥したりし、その関係性も安定していません。依存的で愛の言葉をかけたりして甘える一方で、急に暴力をふるったり、暴言を吐いたりします。また、短時間で態度が急変したりします。そのため、交際相手は相手に振り回されている感じがしてしまい、落ち着くことができません。

このタイプは、相手の行動を監視したり、コントロールしたり、つきまとったりし、相手が思いどおりにならないとすぐに激高したり、容赦のないほど激しい暴力をふるったりすることもあります。そのため、関係から離脱するのも困難になります。

このタイプは交際初期から不安定なところを見せますが、それも魅力だと考えて、深みにはまってしまうことが少なくありません。このタイプは境界性人格障害などの診断を受けることもあります。不安定型には男性も女性もいます。女性のデートバイオレンス加害者には、このタイプのものが比較的多いように思われます。

デートバイオレンス予備軍を見分けることは可能か

誰でも、デートバイオレンス・ハラスメントをするような恋人と交際したくないと思うのは当然です。恋愛は本来、楽しく幸せなものですが、相手の選択を間違えてしまうと恋愛だけでなく日々の生活自体が苦しいものとなってしまいます。そのために、恋人選びの段階で「デートバイオレンスをするような人」とはつきあわなければいいわけですが、じつはこれはなかなか難しいことです。恋愛初期は、第5章で述べたように「恋は盲目」状態になってしまっているので、相手の行動にちょっとおかしなところがあっても自分ではなかなか気づかないことが多いのです。

一つの対策は、仲の良い友人に相談してみるという方法です。これもすでに見てきたことですが、当事者でない友人（とくにあなたが女性であった場合に、あなたの親友である女性）は、もっとも客観的に状況を見られる人です（第6章参照）。そこで、このような友人の声にはある程度真剣に耳を傾けるのがいいと思います。ただし、それも難しい場合も少なくありません。デートバイオレンスを行う加害者は被害者の交友関係を制限してしまうことが多いので、友人に相談することが困難になってしまうことがあるのです。

そのため、なんらかの基準でデートバイオレンスをするような人を恋愛初期に見分けるための方法が研究されてきました。客観的な基準で「危ない相手」かどうかを判断する方法です。海外の研究では、相手の薬物使用歴や暴力歴などが重要なサインになるということが指摘されています。基本的に「未来の暴力をもっともよく予測するのは過去の暴力」ということがいえます。しかし、これらの研究の多くは身体的暴力を伴うデートあるいはドメスティックバイオレンスを対象としたものであり、また、日本の現状と合わないところも少なくありません。

社会的剥奪感傾向とデートバイオレンスの関連

そこで我々は、日本人を対象として同様な研究を行ってみることにしました。デートバイオレンスの被害者には男性も少なくないのですが、ここではより被害に遭っている女性を対象にして分析することにしました。

まず、女性に自分が交際中の男性から受けているバイオレンス・ハラスメント行為について質問し、次に交際中の男性の特徴についてさまざまな評定項目によって評定させました。次に因子分析という方法を使って、評定された男性の特徴を３つの要素に分解しました。その３つは、①自己主張の強さ・優越感、②対人不安感、③女性蔑視傾向・社会的剥奪感傾向でした。さらに、男性の持つこれら３つの要素が、どの程度デートバイオレンス・ハラスメント行為と関連しているのかについて分析したところ、もっとも関連性が高かったのは、３番目の要素でした。

女性蔑視傾向については先ほども紹介しました。社会的剥奪感傾向とは、「社会は不公平で自分は損をしている」と思う程度のことで、我々の研究室で**「社会的剥奪感評定尺度」**が開発されています。この傾向が高いと、日頃からイライラしたり、持続した不満を持ったりすることが予想されます。これは、代償型やコントロール型のデートバイオレンスやハラスメントの基礎にある心理状態だと考えられます。

ここから、「女性蔑視評定尺度」や「社会的剥奪感評定尺度」の得点や偏差値が高いことにより、ある程度有効にデートバイオレンス・ハラスメント行為を予測することができるのではないかと考えられます。

あなたも「この人と交際し続けたい」と思ったら、ちょっと深呼吸して「恋は盲目」状態をリセットしてから、これらの尺度で彼氏をスクリーニングしてみてください。

Q あなたの交際相手の男性は、どのような特徴を持っていますか。評定してください。（7段階）

※この尺度は、女性が男性のパートナーについて評定を行うものです。

		よく当てはまる	当てはまる	やや当てはまる	どちらでもない	あまり当てはまらない	当てはまらない	まったく当てはまらない
❶ 彼は世の中は不公平で自分は損をしていると思っている	❶	7	6	5	4	3	2	1
❷ 彼は成功した人などについての話が嫌いである	❷	7	6	5	4	3	2	1
❸ 彼は自分は社会から能力に見合った待遇を受けていないと思っている	❸	7	6	5	4	3	2	1
❹ 彼は世の中のいろいろなことについての不満が多い	❹	7	6	5	4	3	2	1
❺ 彼は人のことをほめるよりもけなすことのほうが多い	❺	7	6	5	4	3	2	1
❻ 彼は目の前で人がほめられると機嫌が悪くなる	❻	7	6	5	4	3	2	1
❼ 彼は自分以外の周りの人間はみな頭が悪いと思っている	❼	7	6	5	4	3	2	1

合計＝　　　　点

解説

▶表7-02　社会的剥奪感評定尺度の平均と標準偏差

社会的剥奪感傾向	18.22（8.22）

（カッコ内は標準偏差）

技術的な解説➡ p.258

02

危険な相手と別れられない理由

別ればいいじゃない、と言うけれど

デートバイオレンスの被害者は、しばしば「そんな相手とは、別れればいいじゃないか」と言われます。結婚や同棲をしているならば暴力から逃れるのは困難なケースも考えやすいですが、ただつきあっているだけならば、より容易にそれらの関係から離脱できるのではないかと思われるのです。

しかし、実際には、加害者と別れるのはなかなか難しいのが現状です。その理由の一つは、加害者から「別れると痛い目に遭わせる」とか「殺す」、あるいは「死ぬ」などの直接的な脅迫を受けているからです。もちろん、このような場合には、怖くて別れることができません。ところが問題なのは、このような直接的な脅しがなくても、多くの被害者は加害者と別れることができないのです。それには大きく分けて2つの理由があります。一つは「自己洗脳」といわれる現象が起きてしまっているケースで、もう一つが「虐待のサイクル」という問題です。

7

自己洗脳によって別れることができなくなる

第6章で、恋人との関係に問題が生じ始めると、我々はまず、「内的取り組み段階」を経過するというお話をしました。これは自分の中で問題を解決しようと試みる段階です。多くの被害者たちはこの段階で、自分自身が被害者であることを正当化する理屈を考え出してしまうのです。

たとえば、「彼はちょっと暴力的だけれども、優しくしてくれることもある。本当はいい人なんだ」とか「彼が支配的なのは、私のことを考えているからなんだ。だから少しは我慢しなければならない」「彼は不幸な生い立ちだから、あんなふうな行動をとるのだ、私が受け止めてあげなければ」などです。また、加害者自身も「おまえのためを思ってやっているんだ」とか「悪いのはおまえのほうだ」「愛しているから、こんなことをするんだ、愛していなければこんなことはしない」などといった発言をすることが少なくなく、これも自己正当化を支える根拠になってしまいます。

これはいわば自己洗脳のような状況であり、関係から抜け出せなくなってしまう原因の一つです。このような状況になると、「別れる」という選択肢自体が頭の中に浮かんでこなくなってしまいます。

図 7-01　DV・デートバイオレンスのサイクル

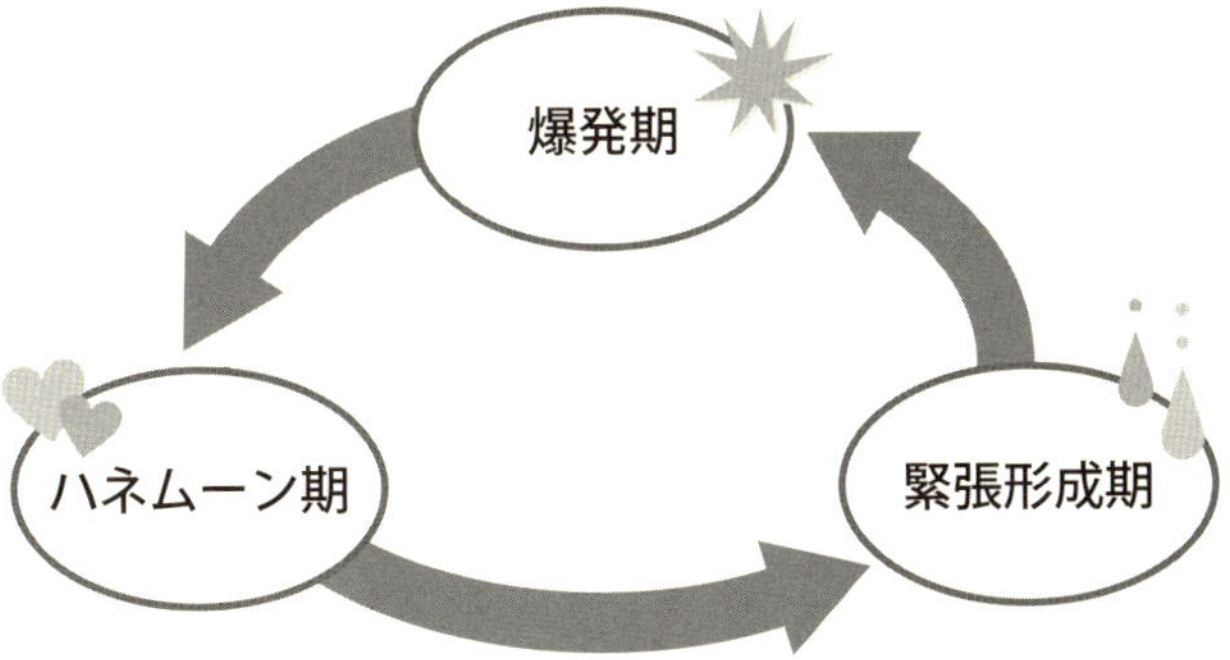

虐待のサイクルによって別れることができなくなる

もう一つ重要なものは、虐待サイクルといわれている現象です【図７－01】。デートバイオレンスやドメスティックバイオレンスを行う加害者は、いつも暴力的だったりハラスメントをしたりしているわけでは必ずしもありません。あるとき、集中的、爆発的にこのような行為をするのです。そして、その直後には、「ハネムーン期」という時期がくることが知られています。この時期には、加害者は普段より優しくなったり、プレゼントをくれたり、いままでのことを謝ったりするのです。被害者はこの時期に加害者が本当に反省しているのだと考えて、彼を許してしまうわけです。

ところが実際には、ハネムーン期の後には、次第に緊張が高まる時期（緊張形成期）を経て、次の爆発的な時期がやってきてしまうのです。同居しているカップルの中にはこのようなサイクルを何年間も繰り返しているカップルも少なくありませんし、たんに交際しているカップルにおいてもこのようなサイクルが発生してしまうことが知られています。

Column 12

暴力をふるう恋人は事前に予測できないのか？

本書ですでに述べてきたように、恋愛は人を盲目にしてしまいます。とくに恋愛初期においてはその傾向が強く、相手の欠点はなかなか見えないものです。しかし交際相手の中には、次第に暴力的になっていく者や、さまざまなハラスメント行為を行う者も少なくありません。そこで、交際相手が暴力をふるうようになってしまうのか、どのような状況において、相手が暴力をふるうようになるのかを予測しようという研究が行われてきています。

前節でも述べましたが、じつは「未来の暴力を予測するのは過去の暴力」という重要な関係があることがわかっています。つまりデートバイオレンスをする加害者は、それ以外の場所でも暴力的であったり、以前に暴力に関する問題（たとえば、暴行罪で検挙されたことがある）などを持っていることが多いのです。

また、ミッチェルとフィンケラー（２００１）は、ドメスティックバイオレンスの加害者は、子どもの頃、家族のメンバーから暴力的な行為を受けたか、家庭の内外で暴力的な行為を体験したり目撃したりすることが多かったということを示しています。

ジョルダーノら（２０１０）は、さまざまな変数とデートバイオレンスの関連について検討し、交際期間が長くなればなるほど、また、一緒に過ごす時間が多いほど暴力のリスクが増加するということや、意見の不一致や嫉妬感情が多いほどデートバイオレンスの危険性が増加するということを示しています。相手のことをどのくらい「愛しているか」はデートバイオレンスの発生頻度とは関係ありませんでした。また、この研究で興味深いのは、もっとも大きな影響を及ぼした要因の一つが「性的な関係があるか」ということだったということです。もちろん、関係があるほうが、暴力を受ける危険性が大きくなります。

デートバイオレンスでは、軽いつきあいの間は「いい人」だったのに、性的な関係を持ち、本格的に交際し始めると、次第に暴力的になっていく交際相手が少なくないといわれているのですが、それをデータとして裏づけたものといえるでしょう。

03

ストーキングの心理学

ストーカーになるのは9割が男性

最近、ストーカーに関する事件が話題になることが少なくありません。ストーカーとは、悪質なつきまとい行為をする人のことです。相手を監視したり、追跡したり、電話やメールでしつこく連絡を取ったり、会うことや交際することを強要するような人をさします。

みなさんはストーカーには男性が多いと思いますか、それとも女性が多いと思うでしょうか。警察庁の統計では、じつに9割のストーカーが男性です。また、ストーカー規制法の対象となるストーキングは「恋愛」関係に基づくものと定義されていますので、被害者はこの反対に9割が女性ということになります（アメリカでは同性愛ストーカーも大きな問題になっていますが、日本では、いまのところ異性愛のストーキングがほとんどを占めています。また、実際には男性被害者は警察に通報することが少ないと思われますので、これほど大きな性差はない可能性もあります）。

一般には、恋愛に対してしつこくて未練がましいのは女性で、男はどちらかといえばクールというステレオタイプがありますが、このようなステレオタイプから見ると、男性のほうにストーカーが多いのは、少し驚きかもしれません。しかし、本書をここまで読んでこられた方は、じつは男のほうが恋愛に関しては、しつこくて、未練がましくて、じめじめしているということはわかっていると思いますので、とくに違和感はないでしょう。

さて、ストーカーの中には、恋愛的な動機が主体で、自分の気持ちを伝えて、交際してもらうためにストーキングするタイプと、怒りや復讐などの動機が主体で、相手に対して嫌がらせをしたり、攻撃したりするためにストーキングをするタイプがあります。これらの２つのタイプについて詳しく見ていきましょう。

恋愛系ストーカーの分類と特徴

まず、恋愛系のストーカーです。このタイプのストーカーにもさらにいろいろなケースがあります。

第１のタイプは、そもそも恋愛のスキルがあまり高くなく、自分の気持ちを伝えることができず、せめて相手を見ていることや相手のそばにいることで自分の恋愛感情を満足させようとするタイプです。このタイプは基本的にターゲットに直接接触することはなく、また持続期間もそれほど長くないため、危険性は少ないタイプといえるでしょう。

次に、相手の気持ちを推測したり想像することができなかったり苦手だったりするために、ＴＰＯに応じたアプローチができず、直接的でしつこい求愛アプローチを繰り返すタイプがいます。断られても断られてもデートに誘い続けたり、プレゼントを持ってきたりします。アプローチは直接的で「好きだ、つきあってくれ」「結婚してくれ」などの発言を繰り返します。

はたから見るとこのタイプにつきまとわれる被害者については「モテるんだからいいじゃない」などと思われるかもしれませんが、このタイプがあまりしつこく学校や職場、自宅に現れると、周りにも迷惑をかけますし、場合によっては退職や引っ越しを余儀なくされたりしますので、問題は小さくありません。また、このタイプの中には、自分が相手に向けている愛情と同じだけのものを相手も返す義務があると考えている者もおり、そのような場合は、被害者が冷たいことに対して、突然「逆ギレ」して暴力行為に出る可能性もありますので、危険性も低いわけではありません。

第3のタイプは、恋愛妄想に基づくものです。これは「相手（被害者）と自分は恋愛関係にある」という妄想を作ってしまい、それに基づいて交際するタイプです。

このタイプのもっとも極端なケースは妄想性の精神障害に罹患しています。妄想は、脳の異常によって作られるものなので、合理的に説得してそれをなくしたり否定したりすることはできません。そのため、恋愛妄想のストーカーに対して「私はあなたを好きではありません」とか「あなたのことは嫌いです」と言ったとしても、そのメッセージによって相手の妄想を修正することはできません。相手は「なぜ、相手は自分のことが好きなのに、嫌いだなんて言うのだろうか、誰かに交際を反対されているのだろうか、それとも照れているのだろうか」などと考えてしまい、前提である「相手は自分のことが好きだ」という部分は変化しないのです。

怒り・復讐系ストーカーの特徴

怒り・復讐系のストーカーは、元交際相手に対してストーキングを繰り返します。このタイプの加害者は基本的にプライドが高く見栄っ張りなところがあることが知られています。彼らは交際相手に対して、交際期間中からデートバイオレンス・ハラスメント行為、とくに支配系のハラスメントをすることが多く、そのために恋愛は崩壊してしまいます。

多くの場合、被害者の女性の側から加害者を「ふる」形で別れが切り出されます。この体験が加害者のプライドを傷つけるため、加害者はその復讐のために被害者をいじめ、苦しめてやろうと考えて、ストーキング行為が行われるのです。ただ、多くの場合、被害者に対する未練も同時に存在しているため、ひどい嫌がらせをする一方で、よりを戻そうと懇願したり、「愛している」などのメッセージを送ったりすることがあります。このような行動によって被害者はより混乱してしまいます。

怒り・復讐系のストーカーは、さまざまなストーカーの中でもっとも危険なタイプだと考えられています。なぜならその動機が「プライドを傷つけたことに対する復讐」だからです。このような動機は、ストーキングに限らずすべての犯罪でもっとも危険な行為を生み出すものだと考えられています。最悪の場合、徹底的に相手を痛めつけてやろうという行動に出て殺人事件になってしまったり、相手を殺して自分も死のうという無理心中型の行動に出てしまったりすることがあります。

いままで発生したストーカーによる殺人事件のほとんど（桶川女子大生ストーカー殺人事件、逗子ストーカー殺人事件、三鷹ストーカー殺人事件など）はこのタイプによるものです。

ストーカーの被害に遭わないようにするためには

ストーカーにつきまとわれると、それが恋愛系のストーカーであろうと、怒り・復讐系のストーカーであろうと、精神的には大きな負担となってしまいます。そして、自分自身がうつや不安障害になってしまう可能性もあります。場合によっては身体や生命の危険も生じてしまいます。そのため、できるだけ被害に遭わないようにしていければベストです。しかし現在のところ、学問的にも「どのようにすれば被害に遭わないのか」ということはあまりわかっていません。

ただし、もっとも危険な怒り・復讐系のストーカーに関しては、以下のような点に注意すれば、ストーカーの被害に遭うリスクを低下させ、遭った場合でも被害を最小限に抑える可能性があると考えられます。

まず、デートバイオレンスのところで述べた、女性蔑視傾向や社会的剥奪感傾向は、バイオレンスだけでなくストーキング（これも広い意味では支配系のバイオレンスです）にも関係があると思われます。そこで、交際するに当たって、相手をこれらの尺度を使ってアセスメントしてみて、これらの傾向が高いようであれば、交際をあきらめる、または交際に当たって十分注意するということです。

また、「未来の暴力をもっともよく予測するのは過去の暴力」ということも覚えておいたほうがよいかもしれません。他人に対して暴力的に当たる傾向がある人は、いまはあなたに対して暴力的な対応をしていなくても、何かきっかけがあれば、暴力的な行動をしてくる可能性は大きいと思われます。

第三に、相手を「ふる」場合には、相手のプライドを傷つけないように留意して別れを切り出すことが重要です。そもそもストーキングをする加害者はプライドが高いケースが多いので、そのプライドを傷つけることは自分の身を危険にさらします。とくに相手の劣等感に触れるようなふり方は避けたほうが無難です。たとえば、学歴コンプレックスを持つ相手に対して「もっと好きな人ができた。彼は○○大学に行ってるのよ」などの言葉でふるのはやめましょう。

最後に、交際期間中に、相手に脅迫される材料（自分の裸の写真などです）を渡さないということです。怒り・復讐系のストーカーは、うまくいっている交際期間中から「もし、相手が別れを切り出してきたら、これで脅迫して復縁しよう」と考えて、相手の弱みを握ったり、脅迫の材料を集めようとしたりする傾向があります。そのため、たとえいまはラブラブ状態であっても、不用意なことをしないのが大切です。

各偏差値は上位何％に当たるか

〜30	40	50	60	70〜
97.7%	84.1%	50.0%	15.9%	2.2%

恋愛傾向

〜30　40　50　60　70〜

面食い

ひとめぼれ傾向

外面的ひとめぼれ傾向

内面的ひとめぼれ傾向

恋愛結晶化

反復想起傾向

侵入思考傾向

再確認傾向

拒絶敏感性

監視欲求

失恋反芻傾向

恋愛妄想（空想）傾向

あなたの恋愛傾向カルテ

それぞれの尺度で算出した偏差値を目盛り上に●で書き入れてください。
偏差値 50 が平均値です。

恋人との関係

愛情・尊敬・友情尺度

～30　40　50　60　70～

愛情

尊敬

友情

スタンバーグ尺度

親密性

情熱

コミットメント

リー尺度

エロス

ルダス

ストルゲ

プラグマ

マニア

アガペ

心理尺度⑧ **恋愛における再確認傾向尺度**（p.214）

異性と交際経験のある18歳以上39歳以下の未婚の男女600人(男性300人、女性300人)を対象にして調査を行った。重み付けのない最小二乗法による因子分析の結果、第1因子のみで全体の70.4%の分散を説明することができた。α係数＝0.934。性差については、$F(1,598)$ = 23.65で1%の危険率で有意差あり。

心理尺度⑨ **拒絶敏感性尺度・監視欲求尺度**（p.219）

異性と交際経験のある18歳以上39歳以下の未婚の男女600人(男性300人、女性300人)を対象にして調査を行った。重み付けのない最小二乗法による因子分析の結果、拒絶敏感性については、第1因子のみで全体の72.4%の分散を、監視欲求については、全体の68.6%の分散を説明することができた。α係数は、拒絶敏感性α = 0.929、監視欲求α = 0.928。性差については、拒絶敏感性については、$F(1,598)$ = 9.00で1%の危険率で有意差あり、監視欲求については$F(1,598)$ = 0.105で有意差はなかった。性差については、拒絶敏感性で女性のほうが有意に高かったが、監視欲求には性差はなかった。

心理尺度⑩ **失恋反芻傾向尺度**（p.228）

異性と交際経験のある18歳以上39歳以下の未婚の男女600人(男性300人、女性300人)のデータを重み付けのない最小二乗法により因子分析した。その結果、すべての分散の79.6%を第1因子で説明することができた。第1因子の固有値は3.93、第2因子の固有値は0.38となったので、第1因子のみを使用することとし、回転は行わなかった。α係数は、0.932となった。

心理尺度⑪ **恋愛妄想（空想）傾向尺度**（p.230）

異性と交際経験のある18歳以上39歳以下の未婚の男女600人(男性300人、女性300人)のデータをもとにして、重み付けのない最小二乗法で因子分析した結果、一つの因子だけが抽出された。α係数＝0.934。ただ、本分析の対象者はすべて実際の異性と交際経験がある者なので、交際経験がない場合の妄想(空想)に適用する場合には注意が必要である。

心理尺度⑫ **女性蔑視評定尺度**（p.238）

男性と交際経験のある大学生・大学院生の女性600人を対象にして作成した。α係数＝0.93、ただしこの尺度は正規分布せず、歪度は1.26である。中央値は12.5である。使用に当たっては分布の偏りに注意することが必要である。

心理尺度⑬ **社会的剥奪感評定尺度**（p.244）

男性と交際経験のある大学生・大学院生の女性600人を対象にして作成した。重み付けのない最小二乗法で因子分析をした結果、一つの因子だけが抽出され、全体の68.67%の分散を説明することができた。α係数＝0.923。

●心理尺度の技術的な解説

心理尺度① 愛情尺度・尊敬尺度・友情尺度（p.021）

交際相手のいる18歳以上39歳以下の男女600人（男性300人、女性300人）のデータを重み付けのない最小二乗法で因子分析し、プロマックス回転して作成した。それぞれの尺度のα係数は愛情尺度$\alpha = 0.905$、尊敬尺度$\alpha = 0.935$、友情尺度$\alpha = 0.933$となった。

心理尺度② スタンバーグの親密性、情熱、コミットメント尺度（簡略版）（p.041）

交際相手のいる大学生83人（男性31人、女性52人）のデータである。本尺度は授業で使用するために簡略化して作成したものであるので、研究・卒業論文・修士論文で使用する場合には、日本語版の論文か原論文に当たってほしい。スタンバーグの尺度の原論文はSternberg（1986）、最新版はSternberg（1998）から引用することができる。

心理尺度③ リーのラブスタイル尺度（p.053）

交際相手のいる大学生83人（男性31人、女性52人）のデータである。本尺度は授業で使用するために簡略化して作成したものであるので、研究・卒業論文・修士論文で使用する場合には、原論文（最新版はHendrick, Hendrick, & Dicke（1998）の短縮版）、あるいは松井ら（1990）によるLETS–2、水野（2006）を使用してほしい。また、教育用に開発した短縮版尺度が豊田・岸田（2006）によって作られているが、これも役に立つ。

心理尺度④ 面食い尺度（p.076）

大学生100人（男性50人、女性50人）をもとに算出。20項目からなる恋愛における外見重視尺度を因子分析（重み付けのない最小二乗法、プロマックス回転）し、第1因子に負荷した5項目から構成。α係数＝0.776。ただし、女性の場合、5番の項目と他の項目との相関が低くなる傾向がある。

表2-03 セルフモニタリング傾向尺度の項目の例（p.078）

日本では、セルフモニタリング尺度については岩淵（1996）によるものが利用できる。

心理尺度⑤ ひとめぼれ傾向尺度（p.109）

大学生64人（男性22人、女性42人）を対象に調査を行い、その結果を重み付けのない最小二乗法で因子数を2に固定して因子分析し、結果をプロマックス法で斜交回転した。因子間相関は$r = 0.485$。α係数は因子1は$\alpha = 0.885$、因子2は$\alpha = 0.811$となった。

心理尺度⑥ 恋愛結晶化尺度（p.177）

異性と交際経験のある18歳以上39歳以下の未婚の男女600人（男性300人、女性300人）のデータをもとにして、重み付けのない最小二乗法で因子分析した。固有値1以上の基準で2因子が抽出されたので、この結果をプロマックス回転した。因子間相関は0.61であった。第1因子の信頼性係数は、$\alpha = 0.895$、第2因子の信頼性係数は、$\alpha = 0.935$となった。

宮下敏恵・斉藤純子（2002）．青年期における恋愛関係崩壊後の心理的反応とその有効性について　上越教育大学研究紀要, **22**, 231–245.【表6-02】【図6-02】

White, G. L. (1980). Physical attractiveness and courtship progress. *Journal of Personality and Social Psychology*, **39**, 660–668.

第7章　好きなのに傷つける理由の心理学

Giordano, P. C., Soto, D. A., Manning, W. D., & Longmore, M. A. (2010). The characteristics of romantic relationships associated with teen dating violence. *Social Science Research*, **39**, 863–874.

Mitchell, K. J., & Finkelhor, D. (2001). Risk of crime victimization among youth exposed to domestic violence. *Journal of Interpersonal Violence*, **16** (**9**), 944–964.

越智啓太（2013）．ケースで学ぶ犯罪心理学　北大路書房

越智啓太・喜入 暁・甲斐恵利奈・長沼里美（2015）．女性蔑視的態度とデートバイオレンス・ハラスメントとの関連　法政大学文学部紀要, **70**, 101–110.

Is happiness relative? *Journal of Personality and Social Psychology*, **36**(**8**), 917–927.

大坊郁夫(1988). 異性間の関係崩壊についての認知的研究　日本社会心理学会第29回大会発表論文集, 64–65.

Diener, E., & Oishi, S. (2000). Money and happiness: Income and subjective well-being across nations. *Culture and Subjective Well-being*, 185–218. **【図6-04】**

Downey, G., Freitas, A. L., Michaelis, B., & Khouri, H. (1998). The self-fulfilling prophecy in close relationships: Rejection sensitivity and rejection by romantic partners. *Journal of Personality and Social Psychology*, **75**, 545–560. **【表6-05】**

Duck, S. (1982). A topography of relationship disengagement and dissolution. *Personal Relationships*, **4**, 1–30.

飛田 操(1989). 親密な対人関係の崩壊過程に関する研究　福島大学教育学部論集　教育・心理部門, **46**, 47–55.

飛田 操(1992). 親密な関係の崩壊時の行動の特徴について　日本心理学会第48回大会発表論文集, 557.

Hill, C. T., Rubin, Z., & Peplau, L. A. (1976). Breakups before marriage: The end of 103 affairs. *Journal of Social Issues*, **32**(**1**), 147–168.

金政祐司(2005). 愛されることは愛することよりも重要か？:愛すること、愛されることへの欲求と精神的健康、青年期の愛着スタイルとの関連　対人社会心理学研究, **5**, 31–38.

加藤 司(2005). 失恋ストレスコーピングと精神的健康との関連性の検証　社会心理学研究, **20**(3), 171–180. **【表6-08】【図6-03】**

勝谷紀子(2004). 改訂版重要他者に対する再確認傾向尺度の信頼性・妥当性の検討　パーソナリティ研究, **13**(**1**), 11–20.

牧野幸志(2013). 関係崩壊における対処方略とその効果(1)——親密な人間関係の崩壊時における対処方略の探索——　経営情報研究:摂南大学経営情報学部論集, **21**(**1**), 19–33. **【表6-03(a)】**

牧野幸志(2014). 関係崩壊における対処方略とその効果(2)——別れを切り出された側の対処方略は有効なのか？——　経営情報研究:摂南大学経営情報学部論集, **21**(**2**), 35–50. **【表6-02】【表6-03(b)】**

松井 豊(1993). 恋ごころの科学　サイエンス社**【表6-02】**

Metts, S., Cupach, W. R., & Bejlovec, R. A. (1989). 'love you too much to ever start liking you': Redefining Romantic Relationships. *Journal of Social and Personal Relationships*, **6**(**3**), 259–274.

men. *Journal of Experimental Social Psychology*, **26**, 240–254. 【図 4 -02】

菅原健介（2000）. 恋愛における「告白」行動の抑制と促進に関わる要因――異性不安の心理的メカニズムに関する一考察――　日本社会心理学会第 41 回大会発表論文集 , 230–231.

渡邊蕗子（2014）. 恋愛における告白の成功規定因と成功可能性予測の検討　法政大学文学部心理学科 2013 年度卒業論文（未発表）【表 4 -03】【表 4 -04】

Zanna, M. P., & Pack, S. J.（1975）. On the self-fulfilling nature of apparent sex differences in behavior. *Journal of Experimental Social Psychology*, **11**, 583–591. 【図 4 -03】

第 5 章　恋は盲目の心理学

Barelds-Dijkstra, P., & Barelds, D. P.（2008）. Positive illusions about one's partner's physical attractiveness. *Body Image*, **5**（**1**）, 99–108. 【表 5 -05】

Barelds, D. P., Dijkstra, P., Koudenburg, N., & Swami, V.（2011）. An assessment of positive illusions of the physical attractiveness of romantic partners. *Journal of Social and Personal Relationships*, **28**（**5**）, 706–719. 【表 5 -06】

Laeng, B., Mathisen, R., & Johnsen, J. A.（2007）. Why do blue-eyed men prefer women with the same eye color? *Behavioral Ecology and Sociobiology*, **61**（**3**）, 371–384.

Martz, J. M., Verette, I., Arriage, X. B., Slovik, I., Cox, C., & Rusbult, C. E.（1998）. Positive illusion in close relationships. *Personal Relationships*, **5**, 159–181. 【図 5 -02】

Miller, R. S.（1997）. Inattentive and Contented: Relationship Commitment and Attention to Alternatives. *Journal of Personality and Social Psychology,* **73**, 758–766. 【図 5 -03】【図 5 -04】

相馬敏彦・浦　光博（2007）. 恋愛関係は関係外部からのソーシャル・サポート取得を抑制するか――サポート取得の排他性に及ぼす関係性の違いと一般的信頼感の影響――　実験社会心理学研究 , **46**（**1**）, 13–25.

第 6 章　愛が壊れていく過程の心理学

Agnew, C. R., Loving, T. J., & Drigotas, S. M.（2001）. Substituting the forest for the trees: Social networks and the prediction of romantic relationship state and fate. *Journal of Personality and Social Psychology*, **81**, 1042–1057. 【表 6 -01】

Banks, S. P., Altendorf, D. M., Greene, J. O., & Cody, M. J.（1987）. An examination of relationship disengagement: Perceptions, breakup strategies and outcomes. *Western Journal of Communication*, **51**（**1**）, 19–41.

Brickman, P., Coates, D., & Janoff-Bulman, R.（1978）. Lottery winners and accident victims:

roller-coaster-induced excitation transfer. *Archives of Sexual Behavior*, **32**, 537–544.【図３-04】

越智啓太（2011）．ビア・ゴーグル効果研究の現状：外見的魅力に関する心理学的研究（1）法政大学文学部紀要，**64**, 67–78.

越智啓太・喜入 暁（2015）．「ひとめぼれ傾向」尺度の作成と分析――「ビビビ」はどの程度恋愛の持続を予測するか―― 日本パーソナリティ心理学会第27回発表論文集（印刷中）【表３-02】

Parker, L. L. C., Penton-Voak, I. S., Attwood, A. S., & Munafo, M. R.（2008）. Effects of acute alcohol consumption on ratings of attractiveness of facial stimuli: Evidence of long-term encoding. *Alcohol and Alcoholism*, **43**, 636–640.

Schachter, S., & Singer, J.（1962）. Cognitive, social, and physiological determinants of emotional state. *Psychological Review*, **69**(**5**), 379–399.

Souto, A., Bezerra, B. C., & Halsey, L. G.（2008）. Alcohol intoxication reduces detection of asymmetry: an explanation for increased perceptions of facial attractiveness after alcohol consumption? *Perception*, **37**, 955–958.

Valins, S.（1966）. Cognitive effects of false heart-rate feedback. *Journal of Personality and Social Psychology*, **4**(**4**), 400.【表３-06】

White, G. L., Fishbein, S., & Rutstein, J.（1981）. Passionate love and the misattribution of arousal. *Journal of Personality and Social Psychology*, **41**, 56–62.【図３-03】【表３-07】

Wilson, S.（2003）. The effect of music on perceived atmosphere and purchase intentions in a restaurant. *Psychology of Music*, **31**(**1**), 93–112.

第４章　告白と両思いを成就する心理学

樋口匡貴・磯部真弓・戸塚唯氏・深田博己（2001）．恋愛関係の進展に及ぼす告白の言語的方策の効果　広島大学心理学研究，(**1**), 53–68.【表４-01】【表４-02(a)】【表４-02(b)】

風間千佳（2010）．ホラー映画視聴は女性のジェンダーステレオタイプ的行動を促進するか　法政大学文学部心理学科2009年度卒業論文（未発表）【図４-04】

栗林克匡（2004）．恋愛における告白の成否の規定因に関する研究　北星学園大学社会福祉学部北星論集，**41**, 75–83.【表４-03】【図４-01】

コープランド，D., & ルイス，R.（2014）．モテる技術（入門編）　SBクリエイティブ（Louis, R. & Copeland, D.（2009）. *How to succeed with women, revised and updated.* New York: Prentice Hall Press.）

Pliner, P., & Chaiken, S.（1990）. Eating, social motives, and self-presentation in women and

classical versus top-forty music in a wine store. *Advances in Consumer Research*, **20** (**1**), 336–340.

Attwood, A. S., Penton-Voak, I. S., & Munafò, M. R. (2009). Effects of acute nicotine administration on ratings of attractiveness of facial cues. *Nicotine & Tobacco Research*, **11**, 44–48.

Barelds, D. P., & Barelds-Dijkstra, P. (2007). Love at first sight or friends first? Ties among partner personality trait similarity, relationship onset, relationship quality, and love. *Journal of Social and Personal Relationships*, **24** (**4**), 479–496. **【表３-04(a)】【表３-04(b)】**

Cohen, B., Waugh, G., & Place, K. (1989). At the movies: An unobtrusive study of arousal-attraction. *Journal of Social Psychology*, **129**, 691–693.

Driscoll, R., Davis, K. E., & Lipetz, M. E. (1972). Parental interference and romantic love: The Romeo and Juliet effect. *Journal of Personality and Social Psychology*, **24** (**1**), 1–10.

Dutton, D. G., & Aron, A. P. (1974). Some evidence for heightened sexual attraction under conditions of high anxiety. *Journal of Personality and Social Psychology*, **30**, 510–517. **【表３-05(a)】【表３-05(b)】**

Engels, R. C., & Knibbe, R. A. (2000). Alcohol use and intimate relationships in adolescence: When love comes to town. *Addictive Behaviors*, **25** (**3**), 435–439.

George, W. H., & Stoner, S. A. (2000). Understanding acute alcohol effects on sexual behavior. *Annual Review of Sex Research*, **11** (**1**), 92–124.

Guéguen, N., Jacob, C., & Lamy, L. (2010). 'Love is in the air': Effects of songs with romantic lyrics on compliance with a courtship request. *Psychology of Music*, **38** (**3**), 303–307. **【表３-08】**

Hill, C. T., Rubin, Z., & Peplau, L. A. (1976). Breakups before marriage: The end of 103 affairs. *Journal of Social Issues*, **32** (**1**), 147–168. **【表３-03】**

Jacob, C., Guéguen, N., Boulbry, G., & Sami, S. (2009). 'Love is in the air': congruence between background music and goods in a florist. *The International Review of Retail, Distribution and Consumer Research*, **19** (**1**), 75–79. **【表３-09】**

Jones, B. T., Jones, B. C., Thomas, A. P., & Piper, J. (2003) Alcohol consumption increases attractiveness ratings of opposite-sex faces: a possible third route to risky sex. *Addiction*, **98**, 1069–1075.

Lyvers, M., Cholakians, E., Puorro, M., & Sundram, S. (2011). Beer goggles: Blood alcohol concentration in relation to attractiveness ratings for unfamiliar opposite sex faces in naturalistic settings. *The Journal of Social Psychology*, **151** (**1**), 105–112. **【表３-10】**

Meston, C. M., & Frohlich, P. F. (2003). Love at first fright: Partner salience moderates

Guéguen, N. (2012). Does red lipstick really attract men? An evaluation in a bar. *International Journal of Psychological Studies*, **4**(**2**), 206–209. 【表２-09】

岩淵千明 (1996). 自己表現とパーソナリティ　大渕憲一・堀毛一也 (編)　パーソナリティと対人行動　誠信書房　53–73. 【表２-03】

Jacob, C., Guéguen, N., Boulbry, G., & Ardiccioni, R. (2010). Waitresses' facial cosmetics and tipping: A field experiment. *International Journal of Hospitality Management*, **29** (**1**), 188–190. 【表２-08】

角津翔太 (2014). 顔を好む人の研究　法政大学研究法演習プレ卒業論文 (未発表)【表２-02】【表２-05】

Kayser, N. D., Elliot, A. J., & Feltman, R. (2010). Red and romantic behavior in men viewing women. *European Journal of Social Psychology*, **40**(**6**), 901–908. 【図２-05(a)】【図２-05(b)】

Lin, H. (2014). Red-colored products enhance the attractiveness of women. *Displays*, **35** (**4**), 202–205. 【表２-10】

諸井克英 (2008). 女子大学生における恋愛関係とセルフ・モニタリング傾向　同志社女子大學學術研究年報 , **59**, 119–128. 【表２-03】

佐山七生・越智啓太 (2014). 男性の魅力を構成する要因の探索的検討　日本心理学会第 78 回大会発表論文集 (同志社大学)【表２-01】

東海林ゆき (2015). ナチュラルメイクは本当に好まれるのか　法政大学文学部心理学科 2014 年度卒業論文 (未発表)【図２-03(a)】【図２-03(b)】【図２-03(c)】

Snyder, M., Berscheid, E., & Glick, P. (1985). Focusing on the exterior and interior: two investigation of the initiation of personal relationships. *Journal of Personality and Social Psychology*, **48**, 1427–1439. 【表２-04】

Toma, C. L., & Hancock, J. T. (2010). Looks and lies: The role of physical attractiveness in online dating self-presentation and deception. *Communication Research*, **37**(**3**), 335–351.

Van den Bergh, B., Dewitte, S., & Warlop, L. (2008). Bikinis instigate generalized impatience in intertemporal choice. *Journal of Consumer Research*, **35**(**1**), 85–97. 【図２-06】

Walster, E., Aronson, V., Abrahams, D., & Rottman, L. (1966). Importance of physical attractiveness in dating behavior. *Journal of Personality and Social Psychology*, **4**, 508–516.

Workman, J. E., & Johnson, K. K. (1991). The role of cosmetics in impression formation. *Clothing and Textiles Research Journal*, **10**(**1**), 63–67.

第３章　恋に落ちる過程の心理学

Areni, C. S., & Kim, D. (1993). The influence of background music on shopping behavior:

松井 豊・木賊知美・立澤晴美・大久保宏美・大前晴美・岡村美樹・米田佳美 (1990). 青年の恋愛に関する測定尺度の構成　東京都立立川短期大学紀要, **23**, 13–23.【表1-12】

Meeks, B. S., Hendrick, S. S., & Hendrick, C. (1998). Communication, love and relationship satisfaction. *Journal of Social and Personal Relationships*, **15(6)**, 755–773.【表1-11】

水野邦夫 (2006). 恋愛心理尺度の作成と恋愛傾向の特徴に関する研究：Leeの理論をもとに (人間心理学科)　聖泉論叢, **14**, 35–52.

中西大輔 (2004). 好意感情と恋愛感情の混同：進化心理学的アプローチによる実験研究　広島修大論集　人文編, **44(2)**, 193–207.

越智啓太 (2012). リーのラブスタイル尺度の性差の分析 (未発表)【表1-13】

Rubin, Z. (1970). Measurement of romantic love. *Journal of Personality and Social Psychology*, **16(2)**, 265–273.

Sternberg, R. J. (1986). A triangular theory of love. *Psychological Review*, **93**, 119–135.【表1-07】【図1-03】【図1-04】

Sternberg, R. J. (1995). Love as a story. *Journal of social and personal relationships*, **12**, 541–546.

Sternberg, R. J. (1998). *Cupid's arrow: The course of love through time.* Cambridge : Cambridge University Press.

豊田弘司・岸田麻里 (2006). 教育用簡易版恋愛感情尺度の作成　奈良教育大学教育学部附属教育実践総合センター研究紀要, **15**, 1–5.

第2章　モテるための心理学

Ariely, D., & Loewenstein, G. (2006). The heat of the moment: The effect of sexual arousal on sexual decision making. *Journal of Behavioral Decision Making*, **19(2)**, 87–98.

Cash, T. F., Dawson, K., Davis, P., Bowen, M., & Galumbeck, C. (1989). Effects of cosmetics use on the physical attractiveness and body image of American college women. *The Journal of Social Psychology*, **129(3)**, 349–355.【表2-06(a)】【表2-06(b)】

Elliot, A. J., & Niesta, D. (2008). Romantic red: red enhances men's attraction to women. *Journal of Personality and Social Psychology*, **95(5)**, 1150.【図2-04(a)】【図2-04(b)】

Etcoff, N. L., Stock, S., Haley, L. E., Vickery, S. A., & House, D. M. (2011). Cosmetics as a feature of the extended human phenotype: Modulation of the perception of biologically important facial signals. *PloS ONE*, **6(10)**, e25656.【図2-02】

Guéguen, N. (2008). Brief report: The effects of women's cosmetics on men's approach: An evaluation in a bar. *North American Journal of Psychology*, **10(1)**, 221–228.【表2-07】

●引用・参考文献

第１章　愛を測定し診断する心理学

Ahmetoglu, G., Swami, V., & Chamorro-Premuzic, T. (2010). The relationship between dimensions of love, personality, and relationship length. *Archives of Sexual Behavior*, **39**(**5**), 1181–1190.

天谷祐子 (2005). 恋人と結婚相手に対して求めるものの違い――性差と恋人の捉え方・恋愛経験の有無から――　名古屋大学大学院教育発達科学研究科紀要　心理発達科学, **52**, 9–19.【表１-13】

Berscheid, E., & Walster, E. (1974). Physical attractiveness. *Advances in Experimental Social Psychology*, **7**, 157–215.

Davis, K. E., & Latty-Mann, H. (1987). Love styles and relationship quality: A contribution to validation. *Journal of Social and Personal Relationships*, **4**(**4**), 409–428.【表１-11】

Hecht, M. L., Marston, P. J., & Larkey, L. K. (1994). Love ways and relationship quality in heterosexual relationships. *Journal of Social and Personal Relationships*, **11**, 25–43.

Hendrick, C., & Hendrick, S. S. (1989). Research on love: Does it measure up? *Journal of Personality and Social Psychology*, **56**(**5**), 784–794.

Hendrick, C., Hendrick, S. S., & Dicke, A. (1998). The love attitudes scale: Short form. *Journal of Social and Personal Relationships*, **15**(**2**), 147–159.

ヘンドリック, C., & ヘンドリック, S. S. (2009). 第７章　ラブスタイル類型論　スタンバーグ, R. J., & ヴァイス, K.(編)　和田 実・増田 匡裕(訳)　愛の心理学　北大路書房 (Hendrick, C., & Hendrick, S. S. (2006). Styles of romantic love. In R. G. Sternberg & K. Weis (Eds.), *The new psychology of love*. New Haven: Yale University Press.)

Hendrick, S. S., Hendrick, C., & Adler, N. L. (1988). Romantic relationships: Love, satisfaction, and staying together. *Journal of Personality and Social Psychology*, **54** (**6**), 980–988.【表１-10】

堀 洋道(監修) 吉田富士雄(編) (2001). 心理測定尺度集Ⅱ　サイエンス社

Kanemasa, Y., Taniguchi, J., Daibo, I., & Ishimori, M. (2004). Love styles and romantic love experiences in Japan. *Social Behavior and Personality: an international journal*, **32** (**3**), 265–281.【表１-13】

Lee, J. A. (1973). *Colours of love: An exploration of the ways of loving.* Toronto: New Press.【図１-05】

松井 豊 (1993). 恋愛行動の段階と恋愛意識　心理學研究, **64**(**5**), 335–342.

松井 豊 (1993). 恋ごころの科学　サイエンス社

終わりに

私の本来の専門分野は犯罪心理学で、現在とくに興味を持って研究している分野は、本書でも最後の部分に書いたデートバイオレンスや恋人間におけるハラスメント、それにストーキングなどの問題です。

これらの問題を扱うためには、どうしても恋愛そのものも深く理解していく必要があります。そこで数年前から、恋愛についてなされてきた多くの先行研究を調査するとともに、ゼミ生や大学院生とともに、それらの実験の追試をしたり、新たな調査を行ったりしてきました。最近では、本職の犯罪心理学よりもむしろ、こちらの研究のほうに力が入っています。

このような中で、２０１３年に実務教育出版から、恋愛心理学の中のとくに外見的魅力の部分に関する研究をまとめた『美人の正体』という本を出版しました。ただ、この本では、外見の話だけで紙幅が尽きてしまい、恋愛そのものの研究にはあまり踏み込むことができませんでした。そこで今回、ついに恋愛そのものについての研究に直接触れた第2弾を出版させていただけることになり、完成したのが本書になります。

本書で述べてきた研究には、法政大学文学部心理学科の越智ゼミの卒論や3年次に作成するプレ卒論、大学院心理学専攻で大学院生が行った研究が含まれています。ゼミ生で研究を参考にさせてもらったのは、風間千佳さん、渡邊蕗子さん、東海林ゆきさん、角津翔太君などです。

また、法政大学大学院博士課程の喜入暁君、甲斐恵利奈さん、佐山七生さんには、原稿作成の過程でさまざまな助言をいただきました。ここに記して感謝の意を表したいと思います。最後に実務教育出版の津川純子さんには、せっかくの企画をいただきながら、例によって本当に長くお待たせしてしまいました。この場を借りて御礼申し上げます。

２０１５年5月　　越智啓太

著者紹介

越智啓太（おち・けいた）

法政大学文学部心理学科教授。

横浜市生まれ。学習院大学大学院人文科学研究科心理学専攻修了。警視庁科学捜査研究所研究員などを経て現職。臨床心理士。

専門はプロファイリング、虚偽検出など、犯罪捜査への心理学の応用。現在は主にデートバイオレンス、デートハラスメントと恋愛行動との関連やストーカーの危険性推定などについて研究している。

著書は『犯罪捜査の心理学』『つくられる偽りの記憶』（以上、化学同人）、『ケースで学ぶ犯罪心理学』（北大路書房）、『Progress & Application 犯罪心理学』（サイエンス社）、『ワードマップ 犯罪捜査の心理学』（新曜社）、『美人の正体』（実務教育出版）、『心理学の「現在」がわかるブックガイド』（実務教育出版、共著）、『法と心理学の事典』（朝倉書店、編著）、『心理学ビジュアル百科』（創元社、編著）など、入門書から専門書まで多数。

テレビ・映画等メディアでも、犯罪心理学や社会心理学の観点から多くの人気ドラマ監修、コメント出演を行う。

趣味は世界各地を放浪すること（写真はUAEのドバイにて撮影）。

恋愛の科学
出会いと別れをめぐる心理学

2015年７月25日　初版第１刷発行
2020年10月５日　初版第６刷発行

著　者　越智啓太
発行者　小山隆之
発行所　株式会社 実務教育出版
163-8671　東京都新宿区新宿1-1-12
電話　03-3355-1812（編集）　03-3355-1951（販売）
振替　00160-0-78270

印刷／精興社　　製本／東京美術紙工

ISBN978-4-7889-1485-8　C0011

恋愛と人生の勝ち組の秘密を最新科学が解明する

美人の正体

外見的魅力をめぐる心理学

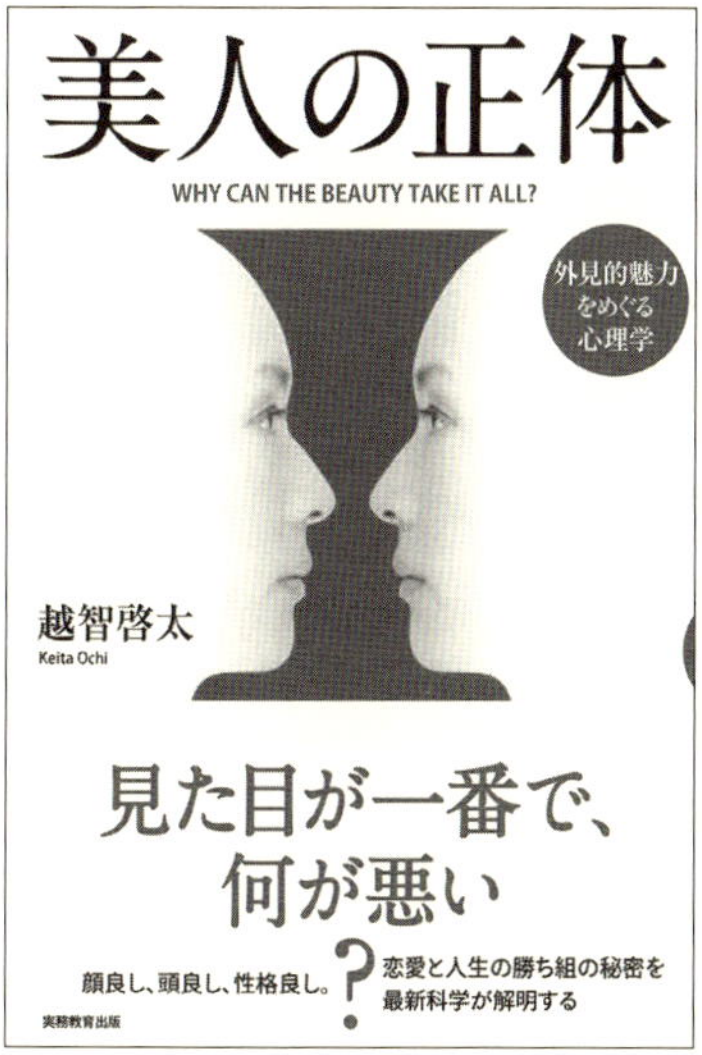

目次

越智啓太 著

定価：本体1,400円＋税／ISBN：978-4-7889-1484-1

なぜ美人は一人勝ちといわれるのか？ 納得の定説から予想を超える新事実まで最新科学に基づき解明。美人が大好きな人、美しくなりたい人の知的好奇心を鮮やかに刺激する！

実務教育出版の本